KB032134

서양의 논리
동양의 마음

박동환
철학선집

서양의 논리 동양의 마음

사월의책

서양의 논리 동양의 마음

1판 1쇄 발행 2017년 4월 1일
1판 2쇄 발행 2017년 5월 31일
(초판 1987년 11월 15일 도서출판 까치)

지은이 박동환
펴낸이 안희곤
펴낸곳 사월의책

편집 박동수
디자인 김현진

등록번호 2009년 8월 20일 제396-2009-126호
주소 경기도 고양시 일산동구 무궁화로 7-45 451호
전화 031)912-9491 | 팩스 031)913-9491
이메일 aprilbooks@aprilbooks.net
홈페이지 www.aprilbooks.net
블로그 blog.naver.com/aprilbooks

ISBN 978-89-97186-65-5 94100
ISBN 978-89-97186-64-8 (세트)

* 책값은 뒤표지에 있습니다.
* 이 도서의 국립중앙도서관 출판예정도서목록(CIP)은 서지정보유통지원시스템 홈페이지(http://seoji.nl.go.kr)와 국가자료공동목록시스템(http://www.nl.go.kr/kolisnet)에서 이용하실 수 있습니다.
(CIP제어번호: CIP2017004098)

차례

한 조각의 철학적 회고 1

"인생이란 꿈이라오!" 어느 날 우연하게 유튜브에 올라있는 가수 오승근의 노래(2003)를 들었다. 그 다음에도 십여 차례 들었는데 그래도 그 노래가 떠나지를 않고 나의 머리에 머물러 있었다. 그 제목이 나에게 거부할 수 없는 그러나 무엇인가 풀 수 없는 하나의 문제로 다가왔기 때문이다.

그러다가 이 책의 새판을 내기 위한 머리말을 써야 해서 오랜만에 여기에 실린 나의 과거의 생각들을 다시 점검해 보았다. 그러면서 나는 그 노래 제목이 어째서 이렇게 시간이 지난 다음에도 나의 머리에 남아 있는지를 깨닫게 되었다. 나는 이 책에서 세상 사람들이 겪으며 지내는 인생이란 실체가 없는 꿈같은 것이라고 느끼는 체감의 배후가 무엇인지 궁금해 하고 있었다. 사람들은 제각각 '나'라는 존재의 지탱과 방어를 위해 전력을 기울이지만 결국에 그 일생은 꿈처럼 잠깐 사이에 사라져 지워지는 것이라는 마지막 소감을 갖게 되는 것이다.

다시 읽어 보니 나는 이 책에서 그 꿈의 실체가 무엇인지 궁금해하고 있었다.

산에 올라가 풀과 나무들의 무성한 자람을 보거나
바다에 나가 우레 같은 파도의 부서지는 소리를 듣거나.

줄기찬 생명의 일어남이며 바쁜 생명의 사라짐이다.
생명은 거부하는 힘으로 솟아나 거부에 둘러싸여 잠든다.
존재 아닌 자의 힘으로 나타나고 존재 아닌 자의 힘이 거두어 간다.
(0890)

이 책의 차례에 올라있는 제목들 이를테면 '자아는 나의 것인가', '존재는 그 자체인가', '구름처럼 떠오르는 대상세계'는 그렇게 떠오르는 꿈같은 자아와 존재와 세계의 실체를 잡으려고 던지는 나의 질문들 아니면 의문들이다. 그러나 돌이켜 보면 그러한 의문과 질문을 끝없이 던지고 있을 뿐 어떤 확실한 해답도 내걸지 않고 있다. 실은 못하고 있는 것이다. 나의 철학은 그때 앞이 보이지 않는 안개 속을 걷고 있었다.

실로 나는 그때 내가 전공하고 있다고 생각했던 사회철학, 사회과학 분야의 어떤 문제의식도 희미해져서 그 바람에 철학 전공 자체를 포기한 상태에 놓여 있었다. 이 책에서 이어지고 있는 의문과 질문들은 그 이후 30년 나의 철학적 진로를 모색하며 다시금 돌이켜 보는 출발점 아니면 방향타로서 역할을 했던 하나의 문제집 또는 나의 개인적인 철학개론에 해당하는 것이다. (161209)

초판의 머리말

어째서 여기에 펴는 철학의 이야기가 어떤 시대의 흐름에도 닻을 내리고 있지 않은가. 플라톤이나 헤겔, 포퍼나 사르트르, 노자(老子)나 불가(佛家)의 관점을 빌어서 말하지 않는 까닭은 무엇인가. 어떤 봄[觀]을 보[觀]려거나 어떤 봄[觀]을 가지고 봄[觀]을 치려는 것이 아니기 때문이다. 봄은 봄의 대상을 짓는다. 그 봄이 들어앉을 집을 짓기도 한다. 그래서 거기에 걸려 막히거나 갇히는 것이다.

어디에 갇히거나 걸려 막힘을 피하는 해방의 길은 흐르는 물을 따라 흘러서 풀려나가는 데에 있다. 그것은 우리의 말이 오랫동안 걸어온 운명의 길과 같다. 우리의 삶은 중국 사람, 몽골 사람, 일본 사람, 러시아 사람, 미국 사람들과의 싸움이나 사귐 가운데서 이루어지는 일이 많았다. 그들이 우리에게 가져다 안겨준 것도 많고 우리에게서 빼앗아간 것도 많다. 우리말은 이렇게 시대를 따라 밀려오는 바람에 흔들려 뿌리 뽑힐 듯한 위기에 놓일 때도 있었다. 그런 가운데서도 시달리며 견디어 오히려 더 닦인 것이 우리말이기도 하다. 그것은 갖가지 쳐들어온 외래자를 담았다가 때가 되어 그들이 물러가면 쏟아버리는 빈 그릇이나 틀과 같다. 우리의 말을 우리의 것으로 버티어주는 것은 쳐들어오는 외래자가 밀어내거나 바꿔칠 수 있는 그런 것들이 아니라 온갖 잡것들을 담았다가 쏟아버리는 그릇과 틀 자체이다.

따라서 우리말의 맥을 이어온 정신과 방법은 바뀌는 것들을 그때그때 담아주는 그릇노릇을 하거나 그것들을 다시 잇고 얽고 짜는 틀 그릇을 하는 논리어(論理語)에 있다. 우리말은 일상적인 감각어(感覺語)에 넉넉하고 학술에 쓰일 수 있는 논리어에 가난하다는 견해는 고쳐져야 하는 것이다. 우리말의 그러한 정신과 방법을 머리에 그리며 여기에 놓인 철학의 이야기를 음미하면 우리의 다음 세대에게 넘겨줄 철학의 유산이 무엇인지 어렴풋하게 떠오를 것 같다.

1987년 10월

00.

징검다리에 서서 머뭇거리다

이것은 이것이고 저것은 저것이다(00)　건널목(01)　마지막 날을 결정하는 운명의 법칙(02)　방향도 알 수 없는 바람을 잡으려고(03)　떠나가 없는 사람의 목소리(04)　현실 너머로 통하는 문(05)　깨달음은 징검다리(06)　매체는 장애물이 아닌가(07)

태어난 자리에서 일생을 지낸다(30)　시시비비(31)　억년의 경험에서(32)　숙명의 질서(33)　야만의 시대의 유산(34)　망각으로 성숙해가는가(35)

황소가 쳐다보는 나의 얼굴(70)　엄밀한 논리, 통속적인 논리(71)　경쟁에서 이기는 자는 없다(72)　자루 속에 넣을 수 있는가(73)　생각과 느낌의 대상은 있는가(74)

도덕적으로 이해할 수 없는 사태(90)　먹이사슬(91)　사람은 빈 껍질이다(92)　머뭇거리며 떠날 줄 모르는(93)　문제의 해결인가 해탈인가(94)

0000

이 세상은 전부가 하나로 이어지지 않는 토막극들. 이것은 이것이고 저것은 저것이다.

그럼에도 불구하고 사람은 이것을 저것으로 저것을 이것으로 미루어 알려고 한다. 그의 추론과 상상이 이것으로 저것을, 저것으로 이것을 넘을 수 있는가.

0001

모든 살아 있는 피조물에게 이 세상 삶에서 저 세상으로 넘는 죽음의 길은 따라갈 수도, 관찰할 수도 없는 이변(異變). 사람은 현실에서 꿈으로 들어가고 꿈에서 현실로 나아가는 건널목이 어떻게 놓이는지조차 모른다.

0002

개미는 사람이 느끼지 못하는 날씨의 바뀜을 미리 알며 거기에 대처한다. 그러나 그는 햇볕 쨍쨍한 어느 날 먹이를 찾아나서는 길에 그 앞을 지나던 사람의 발 밑에 깔린다. 그것이 그의 최후의 날이다. 걸어가는 사람의 궤도를 그의 지혜로써 미리 볼 수 있는가. 그가 그 자신의 운명을 좌우하는 조건들을 추적할 수 있겠는가.

도대체 끝없이 있으려는 존재자의 마지막 날을 결정하는 운명의 법칙은 어떤 것인가.

0003

파도처럼 기복(起伏)이 심해 정체를 알 수 없는 세상만사. 피하려 해도 오고야 마는 늘 사람의 뜻 밖에서 펼쳐져 잡히지 않는 세상 이변. 끊어진 시대의 흐름들. 숨겨버린 존재자들. 그들에게 임시의 생명을 주어 태어나고 사라지게 하는 운명의 주재자는 누구인가.

'이다', '아니다'를 좌우하는 다만 자유의 바람일 뿐인가. 그 방향도 알 수 없는 바람을 잡으려고 태고(太古)의 원시(原始)로부터 샤먼과 지혜자는 끝없이 방황하지 않았던가.

0004

삼십 년 전, 이십 년 전에 떠나가, 없는 사람의 목소리가 더욱더 실감나게 들려오는 것은 무엇 때문인가. 그가 멀리 떠난 뒤에도 귓전에 남아 있는 소리는 어떻게 그의 있음을 절박하게 하는가. 모양이나 색깔보다 소리는 더욱 참으로 있는 것인가. 떠나버린 자의 목소리는 어떻게 그 주인의 없음을, 없음으로 그의 있음을 알려오는가. 여기에 살아서 말하는 자의 소리는 오히려 들리지 않고.

사라져가는 자는 어떻게 그의 있음을 더욱 드러내는가. 사라져가는 것은 어떤 질서에 따르는 것인가. 그도 여기 머물러 있는 자의 기억을 간직하고 떠나는가. 무엇이 사라져가는 것을 가져가는가. 여기 머물러 있는 자는 사라져가는 자를 향하여, 아니 그 사라져가는 자를 가져가는 자를 향하여 외치고 싶다.

0005

생명이 꺼지고 일어나는 지상의 끝없는 파동이 어디로 이어져 있는 것인가. 사람은 꿈마다 현실 아닌 세계로 들어간다. 꿈에서 무엇을 보는가. 그의 가장 깊은 관심을. 프로이트가 말하는 성. 아니다. 그것은 신이 생명 있는 것으로 하여금 현실의 파노라마를 지탱하도록 던진 미끼. 인연의 사슬. 그 너머가 보이지 않게 가로막은 안개.

그러나 때때로 사람은 꿈에서 현실 너머의 세계로 통하는 자유의 문을 바라본다. 현실에 펼쳐지는 인연의 사슬에서 풀리어 이 세상으로 끝나지 않고 얽히어 이어지는 해탈의 문을 찾아 헤맨다.

0006

순간에 찾아오는
깨달음은 징검다리
그 밖에는 허허대해(虛虛大海).
의문과 상상의 갈림길에 놓인다.

징검다리 위에 세운
환상의 도시
인간의 역사
철학자의 가설(假說).

환상공법으로 지탱하는 세상의 이야기.

0007

조각가에게 끌과 망치와 대리석은 장애물이 아닌가. 미술가에게 붓과 물감과 화지는 장애물이 아닌가. 정신에 대하여 육체는 협조자인가, 장애물인가. 작가와 철학자에게 말은 협조자인가, 장애물인가.

말의 걸림을 넘을 수 있는가. 말의 자의(恣意)를 벗어날 수 있는가. 말의 껍질을 버릴 수 있는가. 모든 매체는 장애물이 아닌가. 매체를 버리고 벗어나고 넘는 순간에 남아 실현되는 것은 무엇일까.

0030

나무는 태어난 자리에서 일생을 지낸다.

그의 선택의 여지는 동물에 비해 더욱 제한되어 있다. 그러나 무엇이 주어지더라도 그것으로 자신이 지닌 목적을 이루는 데 최선을 다한다. 그가 원하는 먹이를 취하기 위하여 다닐 수 있는 자유가 없다고 항의하는가. 나무는 물과 흙과 햇볕을 순순히 받아 그 자신의 무성한 잎과 꽃과 열매를 만들어낸다. 그가 지닌 창조의 마술과 인내의 비결은 무엇인가.

0031

차라리 비탈진 산길에 천 년 말 없는 하나의 바위로 머물거나 어느 한가한 뒷뜰에 세월을 떠난 나무가 되어 사람의 시시비비(是是非非)를 다시는 같이하지 않으련다.

시시비비가 사람을 얼마나 비트는가.

0032

바쁘게 서둘러야 할 무슨 사연들이 세상에 있는지 모르겠다. 물릴 수 없는 사연들에 스스로 얽히어 들어갈 까닭이 어디에 있는지 모르겠다.

한 군데 박혀 천 년을 지내는 바위.

그가 지낸 억 년의 기억에서 하루의 사연들은 무엇일까. 하루의 사연들을 어떻게 엮으며 기억할까. 바위에 얽히는 억 년의 사연들에 미친 한 지질학자의 마음을 알겠다.

0033

살아 있는 몸으로서 선택의 여지를 박탈당한 한 그루의 나무.

그는 목이 마를 때 물을 마시러 냇가로 걸어갈 수 없다. 병이 났을 때 치료받으려고 의사를 찾아갈 수 없다. 그는 비가 내리기를 기다리며 자연으로 회복되기를 뜻하는 수밖에 없다. 한 그루의 나무는 누구에게 무엇을 기대할까. 그리고 무엇으로 만족할까.

사람은 그 이상의 만족을 바라는가. 그 이상의 것을 필요로 하는가. 그 이상의 능력과 자유를 가졌기 때문에. 선택의 허구에 시달리는 사람.

기억할 수 없는 생명의 태동기에 나무에게도 선택을 구사하고자 하는 자유의 의식이 있었다고 하자. 그 자유의 의식이 지금까지 남아 있을 수 있었을까. 수없이 되풀이한 좌절의 경험 때문에 아마도 그 자유의 의식은 드디어 자연의 질서에 동의하고 말았을 게다. 사람에게 아직도 남아 있는 자유의 의식에 대해서도 결국 동의하지 않으면 안 되는 숙명의 질서가 다가오는 것이 아닐까.

0034

믿음의 체계를 만들지도 부수지도 않고, 버리지도 갖지도 않으면서 그것을 다스리는 길을 찾는다.

믿음은 동물적인 사생관(死生觀)에서 우러난 버릇. 그러나 사람에게 얽힌 삶과 죽음의 수수께끼는 하나의 믿음으로 풀리지 않는다. 그래도 사람은 신이 아니기 때문에 하나의 믿음을 떠날 수 없다. 삶과 죽음이 달려 있는 결단과 사후(死後)의 세계를 피할 수 없으니까. 그러나 사람은 단지 동물이 아니기 때문에 물러나 바라볼 수 있다. 그리하여 자신의 삶과 죽음이 달려 있는 결단과 믿음에다 천하(天下)를 걸지 않는다.

오히려 믿음은 천하를 다스리는 자의 참 뜻을 가로막고 있는지도 모른다. 믿음은 야만의 시대의 유산이다.

0035

어른들은 망각으로 성숙해가는가. 일곱 살 난 아이의 물음을 아직도 답할 수 없다.

"사람이 죽으면 어떻게 되는 거야?"

"어디로 가는 거야?"

모든 것이 신기해 잠자기를 싫어하는 아이. 잠든 다음에 일어날 세상 일이 궁금한 아이. 어른들은 오래전에 아이가 던진 의문과 불안의 아주 미미한 가지에 매달려 바쁘다. 어른들의 세계는 줄거리가 잘려나간 남은 부분이다. 그리고 망각에 대한 위장(僞裝)이다.

0070

나는 어느 한가한 여름날 삭임질을 하고 있는 황소의 이상한 얼굴을 뚫어지게 쳐다보고 있었다.

그러다가 어느 순간 나는 황소가 되어 있었다. 이제는 황소가 쳐다보는 나의 얼굴이 너무도 괴상하여 보아줄 수가 없을 정도였다. 얼마 동안 황소와 나 사이를 왔다 갔다 하면서 어느 편에서 쳐다보는 것이 공정한 것인지 결정할 수가 없었다. 황소와 나 사이에 균형에 대한 감각이 일치할 수 있는 길이 영 생각나지 않았다.

0071

정승 황희의 답변.

서로 싸우던 두 종 가운데 하나가 그에게 와서 호소하였다. 그는 "네 말이 옳다"고 응했다. 다른 하나가 그에게 와서 호소하였다. 그는 또 "네 말이 옳다"고 하였다. 그 옆에서 듣고 있던 조카가 항의하였다. "이 종의 말도 옳다, 저 종의 말도 옳다 하시니 어디 그럴 수가 있습니까? 그중에 하나는 옳지 않은 것이 아니겠습니까?" 그는 다시 "네 말이 옳다"고 대꾸하였다.

그의 얼빠진 대답들 뒤에 놓여 있는 논리는 어떤 것인가. 그 논리의 엄밀성은 어디에 있는가. 그것은 어떤 통속적인 논리에 맞서 있는 것인가.

0072

임금님이 신하와 함께 행차를 하던 때 나룻터에서 어느 뱃사공과 나눈 이야기.

임금님 : 그대의 햇수는 몇이나 되었오?

사공 : ××입니다.

임금님 : 내 나이와 같구료. 생일은 언제요?

사공 : ×월 ×일 ×시입니다.

임금님 : 내 생일시와 똑같소. 나와 같은 운명을 타고 났을 텐데 그대는 어째서 이 시골에 묻혀 사공의 신세가 되었오?

사공 : 그것은 잘 모르시는 말씀입니다. 여기서는 제가 사람의 생사(生死)를 가름합니다. 임금님도 배를 타시면 제 말을 어기실 수가 없습니다.

경쟁도 평등도 각자가 지닌 고유한 능력과 인격을 무너뜨리는 행위이다. 경쟁에서 이기는 자는 없다. 참으로 경쟁에서 이기는 길은 그것을 벗어나는 데에 있다. 서양과 동양의 오랜 흐름이 지닌 생각의 역사에서 현대의 무자비한 경쟁과 통제로부터 벗어나는 데 방법될 만한 것을 찾기는 어렵다.

하나와 같음이라는 허구를 바탕으로 하지 않는 존재의 논리를 찾을 수 있는가.

0073

자루 속에 세상을 넣을 수 있는가. 사람들은 자루를 버리지 못한다. 자루에는 압력이 쌓이고 그러므로 파국에 이른다. 파국은 언제나 보다 큰 힘, 타자로부터의 보복이다.

0074

짚신을 파는 아들과 우산을 파는 아들을 가진 어머니가 있었다. 햇볕이 쨍쨍한 날에는 우산을 파는 아들의 장사가 걱정되고 비오고 궂은 날에는 짚신 파는 아들의 장사가 걱정되었다. 걱정으로 드러누운 그를 찾아온 의원이 처방을 일러주었다. 비오는 날에는 우산 파는 아들의 장사가 잘 되니 기쁘고 햇볕이 쨍쨍한 날에는 짚신 파는 아들의 장사가 잘 되니 기쁘지 않느냐고.

버선을 신으면 답답하다. 그러나 벗으면 써늘하며 편하지가 않다. 한 짝만을 신어본다. 답답하게 느껴지면 버선 신지 않은 쪽의 발을 생각하고 써늘하게 느껴지면 버선 신은 쪽의 발을 생각한다.

사물에 대한 생각과 느낌을 좌우하는 것은 무엇인가. 생각과 느낌이 대상으로 하는 것은 무엇인가. 그것과 그것 아닌 것, '인' 것과 '아닌' 것의 얽힘 가운데서 이루어지는 사태이다.

0090

자연계는 왜 약육강식의 사슬 위에 세워지는가. 갑의 생명을 을이 좌우하고 을의 생명을 병이 좌우한다. 그리고 아무의 생명도 좌우하지 않는 자는 없거니와 아무에게도 좌우되지 않는 자는 없다. 모든 자연의 존재자는 강약의 얽힘으로 이어진 고리에 묶여 있다. 이 자연의 고리에서 벗어난 자 누구인가. 이 자연의 사슬을 거부한 자 누구인가.

이 자연의 질서처럼 도덕적으로 이해할 수 없는 사태는 없다. 망각의 순간이 아니라면 어찌 양심의 행위를 자처할 수 있겠는가. 도대체 이 자연의 질서를 어떤 원칙이나 목적을 지닌 신(神)이 관리하고 있단 말인가.

0091

세상에 벌어지는 먹이사슬.

그들은 각기 살아남기 위하여 싸워야 하는 사이에 있다. 어째서 타자를 밟고 일어서야 살 수 있는가.

'왜 우리들은 서로 싸우도록 지어졌습니까?'

지어진 자가 지은 자에게 던지지 않을 수 없는 의문. 이해할 수 없는 지은이의 도덕성.

0092

사람이 찾는 것은 무엇인가.

믿을 만한 대상. 그의 삶에 희망과 활기를 주는 것.

그런데 그 대상에는 정함이 없다. 아무것이라도 그러한 대상이 될 수 있는 것이다.

사람은 참으로 주착이 없다. 사람은 아무것으로 채워도 상관이 없는 빈 껍질이다. 무엇이든지 그의 삶에 희망과 활기를 준다면 그것은 그의 믿음의 대상이 된다.

0093

사람이 모여사는 도회를 피하여 수도의 터를 산으로 잡았겠지. 속된 집착을 버리려고. 왜 수도자는 강과 바다로 가지 않았을까. 지상에 머뭇거리며 떠날 줄 모르는 불안과 번뇌를 흘려보내는데.

끝없이 부서지며 퍼져가는
파도를 보면
집착하는
마음은 아직도 부끄러운
사람의 짓

0094

프래그머티스트와 선승(禪僧)이 한 마음 가운데서 갈 길을 묻는다. 사람이 구하는 것은 문제의 해결인가. 문제로부터의 해탈인가.

해결을 기다리는 문제는 세상에 많다. 과학자는 해결을 찾아 뛴다. 철학자도 뛴다. 그러나 사람은 뛰어도 해결에 닿을 수 없는 문제 때문에 더욱 고통스럽다.

01.
철학은 어떻게 흐르는가

0100

생각과 그것을 풀어내는 말과 글이 실타래가 풀리듯이 한결같은 순서에 따라 이어지는 것인가. 한결로 이어지는 이야기의 순서는 철학자들의 조직적인 변론처럼 다만 사람이 억지로 만들어내는 것이 아닐까. 과거와 현재와 미래의 사건들이 혹은 의식과 환경의 사태들이 서로 뒤섞여 이어지는 이야기를 쓰는 클로드 시몽. 그는 이야기를 만들어내는 것이 아니라 현실의 흐름을 실제대로 옮김으로써 소설을 쓴다고 주장한다.

그렇다면, 어떤 논리에 따라 생각과 이야기가 풀리고 이어지기를 늘 탈선 실험 상상을 일삼는 철학자에게 기대할 수 있는가.

0101

사람의 역사는 문제의 해결보다는 문제의 터짐으로 이어지지 않는가.

그래도 문제해결을 위하여 살 만한 것인가. 하나의 문제를 넘어서 또 하나의 문제 앞에 놓이는 다만 문제 탈바꿈인 역사에 어떤 의미를 줄 수 있는가. 거기에 숙명의 벽이 있고 해탈에의 문이 닫혀 있지 않은가.

0102

해답을 기대하는 마음으로 물음을 던진다. 물음에는 이미 해답이 내장되어 있다. 해답을 버리기 위하여 물을 수 없는가.

0103

과학자는 백 번을 꾀해서 한 번을 이루면 된다고 한다. 기술자는 백 번을 일하다가 한 번을 그르치면 끝장이라고. 그러나 철학자는 언제나 그르칠 뿐이다. 그는 다만 문제에 부딪친다. 그는 이룰 수 있는 어떤 일도 하는 것이 아니다.

0104

어떤 것도 거부되지 않은 것은 없기 때문에 어떤 것도 진리로 남아 있지 않은 다만 거부하는 행위로서 이어지는 철학의 역사.

거부하는 행위. 그것이 모든 철학자들이, 위대한 예술가와 과학자들이 피할 수 없는 보편의 길이다. 이십세기의 위대한 철학자들이 서로를 향하여 그대의 철학은 철학이 아니라고 외치다가 사라져갔다. 서양 철학자는 동양 철학자에 대하여, 동양 철학자는 서양 철학자에 대하여 서로를 거부하는 몸짓으로 이해한다.

이만 하면 참으로 진리될 만한 것은 모든 철학자들이 세우는 주장 '이다'에 대하여 언제나 '아니다'라고 하는 뿌리깊은 거부행위 뒤에 숨어 있는 것임을 받아들이지 않을 수 없다.

0105

문학자. 그는 해답을 위하여 어떤 체계를 만들지 않는다. 체계가 없어도 혼란에 빠지지 않는 강심장의 그는 탈논리(脫論理)의 직관으로 세상을 헤쳐놓는다. 신학자. 그는 문제에 대한 하나의 완전한 해답을 가지고 있다. 처음의 결단에 따라서 모든 문제에 대한 해답을 얻도록 운명지어져 있다. 그러나 모든 문제에 해답이 있는가. 이것이 철학자가 놓이는 의문의 사태이다.

철학자는 처음의 결단을 믿지 않는다. 현실은 하나의 완전한 해답을 허락하는 것도, 끝없는 혼란의 소용돌이도 아니다. 철학은 현실주의자의 사색이다.

0106

"아빠, 모르는 거 있어?"

"있지!"

"사람은 다 알고 살 수 없어?"

사람들은 어린 시절에 지녔던 의문의 뿌리를 팽개쳐버린다. 그리고 과학자나 철학자나 종교인이 되어 제각기 다른 해답을 내걸고 싸운다. 그들은 모두 거짓 해답을 가지고 그때의 물음의 바깥을 맴돌고 있는 것이다.

0107

아무도 모든 것을 볼 수도, 느낄 수도 없다. 누구든지 그 안에 있기 때문이다. 그러나 그는 모든 것과의 얽힘을 떠날 수 없다. 어떻게 얽히는가. 거기에 논리와 존재의 샘이 있다.

0150

이십세기까지의 철학사를 돌이켜 바라보면 '무엇이 진리인가?'라고 더 이상 물을 필요를 느끼지 않는다. '어떤 것도 진리로 남겨두지 않는 영원한 거부자는 누구인가?'라고 물어야 한다. 그래야 좌충우돌하는 진리들이 시대와 환경의 단절을 넘어 모든 의문과 해답의 뿌리로 돌아가지 않을까.

0151

세상은 말들로 가득하다.

그러고도 여전히 쏟아져나오는 말들. 서가(書架)에 가득한 말들. 입에 가득한 말들. 토해내지 않으면 답답해 못 견디게 체한 말들. 말로 시작된 역사가 아닌가. 말할 수 없는 것에 대하여 말을 하는 철학자도 있다. 파르메니데스도, 노자(老子)도, 석가도, 칸트도, 비트겐슈타인도. 말할 수 없는 것에 대하여 말할 수 있는가. 말할 수 있는 데서 말할 수 없는 데로 넘어갈 수 있는가.

사람에게 주어진 말의 끝없는 자유. 그것은 무엇을 드러내는가. 무엇을 덮어버리는가.

말의 역사를 거두어들일 수 있는가.

말의 역사를 거슬러올라가면 어디에 이르게 되는가.

0152

선택의 갈림길에 서서 어느 편에 드는 것이 철학자의 길인가.

갈림길의 가지를 만드는 뿌리를 찾아 피할 수 없는 선택을 허구화할 수 없는가. 가지 치는 뿌리를 어떻게 찾는가. 가지를 따라 뒤로 물러섬으로 찾을 수 없는가.

존재의 사태나 무(無)로부터 물러설 수 있는가.

달라짐이나 같음의 사태로부터 물러서는 길이 있는가. 가지를 치는 갈림길의 뿌리를 어떤 대상이나 실재로 못 박을 수 있는가. 갈림길에서 뒷걸음 쳐 어디론가 알 수 없는 데로 끝없이 물러서면 무엇을 만나는가.

0153

분석의 길을 이끄는 것은 무엇인가.

분석하려면 어떤 길을 따라가야 한다. 언어나 논리에 깃든 어떤 형식에 따를 것인가.

그러나 모든 언어와 논리는 우연을 타고 자라나는 가지들이다. 가지를 쳐 나아가는 길도 분석이거니와 가지를 거슬러서 갈라져나온 뿌리에 이르는 길은 우연을 제치며 그 보편의 바탕을 찾는 분석이다.

0154

옛날에 떠나 잊어버렸으나 아직도 남아 있는 그의 흔적, 그것을 거슬러올라가야 한다. 지난날 철학자의 잡다(雜多)와 번쇄(煩瑣)의 가지들을 쳐버려라. 깨달음은 얽힌 가지들을 쳐버린 골자에 매달린다.

0155

모든 철학의 밑바닥에는 하나의 광맥과 같은 것이 있다. 그리고 그 광맥을 뚫고 흐르는 한 심장의 박동이 있다.

어떤 철학의 심장도 찔러 그 박동을 짚을 수 있는 메스(mes)가 있는가. 그 보편의 메스는 어떻게 생겼는가. 수학자나 논리학자가 그것을 찾았는가. 혹은 이른바 존재론에서 그것을 찾을 수 있는가.

0156

수학은 시간에 매어 있는 현실로부터 무엇을 버림으로써 무엇에 이르는가. 그것은 아직도 물리적인 공간에 매인 순수 형태와 순수 관계를 떠나지 않는다.

논리학은 물리적인 현상에 배어 있는 형태와 관계를 모두 떠나는가. 그것은 그러나 아직도 개념의 인위적인 조작과 기교에 묶여 존재의 가장 단순한 보편성에 이르지 못한다. 그것이 지닌 이 최후의 우연성, 개념의 놀이를 떠날 수 있는가.

개념의 놀이에 스며드는 우연을 극한으로 줄일 때 그래도 남아 있을 존재의 가장 단순한 보편성은 어떤 것인가.

0157

철학과 논리에서, 각자의 고유한 말과 문화가 끌어들인 우연의 부분을 떼어버릴 수 있는가.

철학과 논리가 개념의 조작과 놀이, 이유와 귀결의 그물로부터 풀려날 수 있는가. 개념의 놀이와 논리의 그물에 스며든 온갖 우연의 가지들을 버리고 거슬러올라가 의문과 상상과 추론이 시작하는 시원(始原)의 사태에 이를 수 있는가. 시원의 사태에서 말할 수 있는 철학과 논리는 어떤 것인가.

0158

우연의 관찰과 경험을 벗어난 보편의 관찰과 경험은 어떤 것인가. 철학자들이 말하는 본질이 그러한 보편의 대상인가. 본질이란 개체가 다른 개체와 공유하는, 아니면 그에게만 고유하게 깃든 우연이다.

관찰과 경험으로부터 우연의 현상을 거두어내면 무엇이 남는가. 색깔도, 형체도, 소리도 없이 끝없이 얽히며 이어지는 매듭, 매듭, 매듭의 흐름.

0159

옛날 그리스의 철인들은 무슨 생각으로 신(神)에 얽힌 이런저런 이야기를 믿지 않고 따지기 시작하였는가. 그 옛날이야기에 얽힌 우연을 버리려는 생각으로 이러함이나 저러함의 필연을 찾으려는 생각으로. 이러함이나 저러함의 필연을 찾음은 다만 이러함이나 저러함 자체에 마음을 두지 않음이다. 이러함이나 저러함의 무상함, 우연함을 깨달아 그 밖으로 나아감이다.

그로부터 이천오백 년 동안 서양의 철학자들은 무상과 우연에서 벗어나는 길을 찾았는가. 무상과 우연에서 풀려나 참 보편과 참 본질에 이르는가. 동양과 서양의 흐름이 엇갈리는 가운데 서서 지금 철학자들은 그들의 생각에 속속들이 박힌 무상과 우연을 깨닫는가. 일체의 무상과 우연을 버림으로써 이르는 참 보편과 참 필연이 사람에게 드러날 것인가.

0160

진리는 무엇인가. 무엇으로 그것을 바탕지울 것인가. 드러내보여 줄 것인가. 피할 수 없는 얽힘으로 이어낼 것인가. 옛날이야기로 풀어낼 것인가.

오래전 그리스 철인들은 옛날이야기를 버림으로 어떤 생각거리를 남겼는가. 드러나보임과 얽히어 이어짐을 갈라놓지 않았는가. 다음의 철학자들도 그러한 갈림길을 여전히 밟는다. 그들이 옛날이야기를 버림으로 얻은 로고스라는 것은 드러나보이거나 얽히어 이어지는 두 갈래의 길에서 따로 나타나는 것인가. 이른바 직관이나 관찰의 길과 추론의 길로.

드러나보이는 것은 드러나보이지 않는 부분을 떼어내 버린 세상의 반쪽이 아닌가. 드러나지 않은 것은 드러난 것에 피할 수 없이 얽히어 있지 않은가. 피할 수 없이 얽히어 이어지는 이른바 논리의 길은 드러나보이는 세상에 대해서 따지는 것인가. 아니면, 드러나보이지 않는 세상에 대해서 따지는 것인가.

드러나거나 드러나지 않는 모든 것이 서로 피할 수 없이 얽히어 이어지는 완전한 짜임을 그들의 논리학이 말하는가. 드러남에 얽히어 이어지는 드러나지 않은 세상의 반쪽을 거들떠보지 않는 로고스로써, 수만 년 세상을 다스려온 이야기의 실제(實際)와 뿌리에 미칠 수 있겠는가.

0161

철학은 모든 우연으로부터 벗어나려는 움직임이다. 철학자에게 논쟁은 필연을 찾으려는 데서 일어난다.

아직도 논리학은 말의 우연에 매어 있고 존재론은 그러한 논리학에 매어 있다. 온갖 낱말과 문법에 깃든 우연이 물러가면 어떤 논리와 존재가 다가올 것인가.

0190

동아시아 사람이 서양악기를 연주할 때 그 음악은 아직도 남의 장단이라고 하는 거북한 인상을 가져다준다. 그들이 연주하는 악기가 그들의 몸에 배어 있지 않다. 서양 사람이 서양악기를 다룰 때의 모습과는 너무 다르다. 서양 사람이 그의 악기를 연주할 때 악기는 그의 몸의 일부라는 느낌을 준다.

동아시아 사람은 그의 많은 것을 버리지 않으면 서양악기에서 자신의 몸과 일체가 되어나오는 음악을 만들어낼 수 없을 것 같다.

그것은 오히려 동양 사람이 서양 사람의 사상으로부터 많은 것을 잘라버리지 않으면 그것으로 수십 년을 가르치고 배우면서도 자신의 기질이나 호흡에서 우러나는 사상의 맥을 이룰 수 없는 것과 같다. 무엇을 잘라버릴 것인가. 잘린 맥을 이음에 어떤 논리로 나아갈 것인가.

0191

현대 음악의 기교에서 벗어나 원시의 호흡과 리듬을 그리듯이 세련된 철학의 허구에서 돌이켜 시원(始原)의 야성(野性)과 폐허의 논리를 찾는다.

0192

철학은 이렇거니 저렇거니 말놀이가 아니다. 자연이 명한 필사의 길을 따라 새겨진 흔적. 흔적을 따라 부는 바람소리.

다시 빙하가 넘칠 대륙에다 찰나에 일으킨 역사에 무슨 필연이 있겠는가. 그들의 말놀이에 무슨 보편이 있겠는가. 차라리 태양에 모든 것이 메마른 붉은 사막에, 모든 것을 삼켜도 말이 없는 바다에 숙명을 향한 반성과 해방의 꿈이 있다.

0193

승려가 점을 친다.

출세와 재운, 시험과 행운, 그런 것의 미래를 점친다. 그것이 수도자가 속인(俗人)에게 줄 수 있는 것인가. 수도자가 찾는 것은 무엇인가. 운명과 역사의 미래를 예언하는 것인가. 미래를 다스리는 것인가. 예언은 의뢰하는 마음을 일으키며 마음을 구속하는 것, 그리하여 불안을 잠시 없애는 것.

시세(時勢)를 따라 방황하는 속인을 대신하여 수도자는 무엇을 구하는가.

0194

소설이나 시로 시대의 사상을 풀이함으로써 역사의 체험을 형상화할 수 있는가. 시대를 넘어 들려오는 보편의 소리는 없는가. 맥이 끊어져 메말라가는 고전연구와 논리분석에 스스로 쓴 웃음 짓는 젊은 철학자에게. 이십세기 동양의 좌절을 딛고 새벽의 꿈을 다시 펴려는 구도자에게.

02.

자아는 나의 것인가

0200

들에 피는 한 잎의 풀도, 산을 뛰어넘는 짐승도 자연이 준 인연의 고리에 순응해서 산다. 그러나 사람은 그 의식의 능력 때문에 자연과 맺은 원시(原始)의 고리를 벗어나 날으려는 꿈을 지닌다. 그는 자연을 초월하는 한없는 자유를 찾고 자아의 욕망을 위하여 끝없이 달린다. 그는 자기에 대한 무한한 기대와 자기로부터 오는 끊임없는 실망에 시달린다. 도대체 자아의 의식을 끝없이 넓히고 그것을 현실화하기 위하여 사는 것이 자연으로부터 허락된 길인가. 사람은 언제나 이렇게 살았는가.

0201

참 자기의 모습을 찾기 위하여 자기가 가진 얼마나 많은 것을 버려야 하는가. 청년기에 참 자기를 찾을 수 있는가. 그의 생각과 행동의 많은 것은 자기 자신의 표현이 아니라 사정에 밀려 잡히는 대로 얻은 것이거나 부러움으로 모방해서 지닌 것에 불과하다. 이른바 불혹(不惑)의 나이에는 순수한 자기로 돌아갈 수 있는가.

어느 나이에 인간은 자기 아닌 것으로부터 취한 것을 모두 버리는가.

0202

아무데나 먼지나는 길가에 박혀 하루종일 시달리는 나무. 어디 피할 데가 없어 씽씽 달리는 찻길에다 목을 내놓은 청소부.

인간은 나무보다 마음대로 자신의 처지를 선택할 수 있는가. 그에게 피할 데가 있는가. 그에게 그러한 자유가 있는가. 피할 데도 없고 실현할 자유도 가지지 않은 인간에게 그래도 남아 있는 희망은 무엇인가.

0203

'나의 몸은 주인님의 것이지만 나의 마음은 주인님의 것이 아닙니다.' 이렇게 노예의 마음은 스스로 자유의 주체임을 선언하는 것인가.

마음은 어떤 것에도 복종하지 않는 독립의 주체인가. 지식과 역사의 창조자인가. 마음은 자유로운 입법자인가. 자유의 행사자인가. 스스로 자유로운 주인이라고, 참으로 독립의 주체라고 자부할 자가 세상에 있는가. 모두 타자의 소유이며 타자에 복종하지 않는가. 타자는 모든 있는 자가 잡을 수 없는 영원한 지배자.

0204

원시공동체에서나 파르메니데스와 플라톤의 존재론에서 다(多)와 개체들은 어떤 지위를 가졌는가. 신분이 높은 한 인물의 무덤에 같이 묻혀버렸던 살아 있는 개체들. 그들로 하여금 지상의 생명을 기꺼이 포기하게 한 그 존재론은 어떤 것이었는가.

0205

세상 인연의 끝없는 고리.
자연의 부분인 사람.

이런 동양 사람의 인식을 가지고 개인의 중요성이나 인권에 대하여 말할 수 있는가. 개인과 개체는 타자에게 넘길 수 없는 권위와 고유성을 가졌는가. 사람은 개체로서의 고유성과 자유를 실현해야만 구원되는가. 행복해지는가.

자아를 실현해서 얻는 세계는 그의 불안한 피난처일 뿐이다.

0206

서양사에 두드러진 개인의 절규.

그것을 구원의 대상으로 하여 펼친 예수의 복음. 보편자의 횡포를 거부하는 오캄의 유명론(唯名論). 판단의 주체로 군림하는 데카르트의 자아. 도대체 무슨 힘으로 개인이나 개체라는 것이 우주에 등장하는가. 망각의 지대로 모든 것을 끊임없이 매장시키는 하나의 거대한 무차별의 힘에 대해 한 작은 갈대인 개체는 어떻게 저항하는가.

개체로서 영원히 남으려는 욕망. 애초에 그렇게 무리한 욕망이 어떻게 만물에게 주어졌는가.

0207

사회는 사람들의 욕망이나 필요를 채우기 위한 짓이나 뜻으로 이루어지는 것이 아니다. 그러한 짓이나 뜻은 의식으로부터의 운동일 뿐이다. 사회는 의식 안에 사사롭게 기울어진 뜻과 그것을 이루기 위한 짓이 벽에 부딪쳐서 부정되고 지양되는 흐름의 쌓임으로 만들어진다. 사회는 그러한 뜻과 짓을 일으키는 자들을 뛰어넘는 타자들의 행렬이다.

0250

현대인은 그가 속한 문명권의 다름에 관계없이 자아에 시달리고 있다. 자아를 떠나서는 생각할 수 없는 현대인은 자아를 실현하기 위한 최대의 노력을 한다. 자아 전개의 장으로서, 매체로서 자기가 놓여 있는 세계를 본다는 데 어떤 문제가 있는가.

사람은 그러한 존재론적 권리를 가진 자인가. 자아를 실현하기 위하여 환경에 일으키는 파문이 우주의 벽에 부딪쳐 반사되면 오히려 그의 미래에 보복을 가져오는 것은 아닌가. 데카르트로부터 시작하여 오늘까지 자아의 바탕으로 세계를 정복하려는 노력은 어떤 벽에 부딪치고 있는가. 헤겔이 말하는 절대 자아의 변증법은 현대 사조에 큰 파문을 일으킨다. 현대인은 그 자아의 논리를 밀어낼 만한 대안을 가지고 있지 않다.

그는 탈(脫)자아와 탈(脫)존재의 논리를 찾을 수 없기 때문이다.

0251

자아는 자기 밖에 놓인 세계와 어떻게 만나는가. 합리주의자인 데카르트와 라이프니츠조차 직관과 경험에 호소하지 않는가. 그들의 직관과 경험으로 세계에 대한 자아의 폐쇄성이나 주관성을 벗어날 수 있는가. 스콜라 철학의 논리인 삼단논법의 불모성을 깨뜨리는가.

그들은 아직도 직관과 경험에 고유한 타자의 논리를 말하지 않는다. 직관과 경험은 타자로 이어져 열리는 사태이다. 타자로 이어져 열림이라는 논리에 호소하지 않는 한 그들로부터 결과한 현대의 유아론이나 인본사상을 피할 수 있겠는가.

0252

의식의 노력은 극대화할 것인가, 극소화할 것인가. 의식이 지닌 '아니다' 혹은 다름의 행위능력으로 세계가, 타자가 지닌 '아니다'의 힘에 대결할 수 있는가.

0253

서양문명으로부터 던져진 생각거리.

사람들은 자아실현을 위하여 노력한다. 자아의 영토를 넓히기 위하여 타자와 대결한다. 타자를 정복함으로써 자아는 끝내 승리자로 남을 것인가. 도대체 자아가 지닌 의식은 그의 타자인 대상을 정복하는가. 아니면, 마침내 대상에게 굴복하는 것인가.

파국의 필연성은 어디에 있는가.

뿌리로 돌아감이 없는 모든 자아에게.

누가 파국을 멀리 하는가.

누가 그 자신의 뿌리로 돌아가는가.

타자에게 넘겨줌으로 자아를 실현하는 자. 타자와의 얽힘에서 자아의 영토를 극소화하는 자. 극소의 생각으로 깨닫는 철학자. 극소의 힘으로 일하는 물리학자. 자아의 동일성을 버리는 자.

0254

사람은 같음을 기대하는 마음으로 타자의 세계를 잡는다. 그것은 타자의 세계를 구속하려는 자아의 편협한 고집.

0255

타자로부터 밀려오는 파국을 막으려는 의지의 사람은 자아를 가지고 세계를 본다. 자아의 대상으로서 세계를 구상하는 것이다.

그러니까 자기의 존재와 생각의 연장선 위에서 타자를 만나게 되어 있는 그런 안이(安易)한 논리와 상상을 민다. 타자다운 타자를 피하는 것이다. 그렇게 함으로써 더욱 큰 파국을 몰고 오는 참 타자를 결국에 만난다.

0256

세계는 왜 하나로 보이지 않는가. 착각에 지나지 않는 자아의 고유한 같음을 상상하고 세우기 때문이다. 흔들리지 않는 같은 바탕을 스스로 자각하는 자아는 그 자신의 끝없는 있음처럼 사람이 지탱할 수 없는 꿈이다.

모두 비아(非我)로 얽히어들어가는 자체 배반의 흐름을 타고 있다.

0257

누구든지 그 자신이 만든 것이나 만들 수 있는 것만을 완전히 이해할 수 있다면, 사람이 세상에 있는 무엇에 대하여 '그것은 ……이다'라고 말할 수 있겠는가.

사람의 역사는 사람 자신이 만드는 것이 아니다. 자기도 이해할 수 없게시리 각기의 순수한 의도 밖에서 거역할 수 없는 어떤 길을 따라 만들어지고 있을 뿐이다. 사람의 생각과 이해력에 드러나는 세상의 모든 것이 그리고 자기 자신조차도 그 자신이 지어낸 것이 아니므로 '……이다'라고 할 수 있는 대상이 아니다. 도대체 사람의 생각이나 이해력에 사물의 참 모습이 그대로 드러날 것이라고 하는 기대에 문제가 있다.

생각은, 마음은 언제나 사물의 자기 아닌 모습을 소중히 담고 있지 않은가. 세상에 있음 일체를 지어낸 자가 아닌 사람에게, 사물의 참 모습은 '이다'로서가 아니라 '아니다'로서 주어질 뿐이다.

0290

보이지도 않고 만질 수도 없는 각자의 어디엔가 영혼이 있다. 영혼은 세상과 하나가 아니고 다름이다. 그것은 현실에 있는 자신과도 같이하지 않는 다른 것이다. 영혼의 외로움을 달랠 수 있는 것은 없다. 그것은 세상으로부터 숨겨진 뒷길, 현실을 바라보고 가늠하는 먼

거리에 서 있다. 그것은 세상의 현실과 같이하지 않는다. 그것은 자기 아닌 자로부터 자기를 거두어 거리를 지키는 고독자이다.

그러면서도 영혼은 세상을 외면하지 못하는 갈등의 주인공이다. 영혼이 가지고 있는 것은 없으니까. 우주가 파도치는 대로 춤을 춘다. 그것은 언제나 자기 아닌 것을 따라서 행세하는 외로운 거리의 여행자.

0291

주관의 수렁에 빠져버린 현대인. 유아론(solipsism), 상대주의, 무정부 상태에서 헤어나지 못하는 철학자. 무엇이 그들을 자아주의의 수렁에서 건져낼 수 있는가.

0292

무엇으로 유아론이나 관념론을 벗어나는가. 나 혼자만이 쓰는 말이 있을 수 없음으로인가. 뜻을 전달하는 가운데 말의 쓰임을 고칠 수 있음인가. 그러므로 참 말은 타자와의 만남을 보장해주는가. 다만 사회라는 하나의 장에 같이 얽힌 유사 타자와의 만남이 아닌가.

0293

유아론이나 관념론의 굴레는 반란에 부딪치지 않는가. 세계를 향하여 반기거나 실망하여 노하거나 대결하는 외로운 고집쟁이 자아와 영혼은 현실의 세계와 하나인가. 자아와 세계, 영혼과 현실은 같음의 지평에서 하나로 되는 것인가. 유아독존의 관념지평으로 현실의 세계를 끌어안을 수 있는가.

자아와 영혼은 세계를 자기화하려는 것인가. 아니면, 현실로부터 자기를 끊임없이 떼어서 언제나 다름으로 남으려고 하는가.

0294

사람 자신이 생각하는 것인가.

자아 가운데서 스스로 생각이 일어나는가. 생각의 주체는 자아인가. 자아가 아닌 그 밖의 타자인가. 그 밖의 타자가 생각하도록 만드는 것이 아닌가. 타자 없이 생각할 수 있는가. 밀려오는 물결에 따라 생각하지 않는가.

0295

잠에서 깨어난 나는 잠들기 전의 나와 같은 것인가. 의식의 흐름 가운데서 사는 자아가 언제나 같은 자아임을 어떻게 증거할 수 있는가. 바로 그 자체를 가리킴으로써 개체의 변함 없는 같음을 밝힐 수 있는가. 변함 없이 머물러 있는 자아, 바로 그 자체가 자아라고 할 만한 것은 의식에 의해서나 물리적으로나 확인할 수 있는 사태에서 언제나 뒤로 물러서 있다. 뒤로 물러서 그 자신의 정체를 드러내지 않는 자아의 변함 없는 같음이 어떻게 알려지는가. 나에게 얽힌 나 밖의 나 '아닌' 사태가 나의 한결같은 있음을 비쳐준다.

만약 나에게 얽혀 있던 나 밖의 나 아닌 모든 사태가 사라진다면 나의 변함 없는 있음을 여전히 확인할 수 있을까. 라이프니츠의 모나드처럼 자아는 자기 밖의 사태를 비추고 있다. 자기 밖의 사태와의 얽힘을 떠난 자아는 있을 수 없으므로 그는 그 자체로서 다만 외로이 있는 것이 아니다. 그 참 모습을 알 수 없는 타자와의 얽힘을 떠난 자아는 세상에 없다.

03.

존재는 그 자체인가

모습을 드러내지 않는 자(00) 현상 뒤로 얽히는 그림자(01) 사물의 끝없는 깊이(02) 생각은 다름에도 같음에도 머물지 않는다(03) 보는 눈은 보이는 어떤 것이 '아니다'(04)

드러남으로 드러나지 않음을 떠난다(50) '아니다'의 사태 없이는(51) 사물을 사물 되게 하는 자(52) 사물의 뿌리(53) 있음과 있음의 뿌리(54) 드러나지 않음으로 같음을 지킨다(55) 어떤 모습도 거부하는 타자(56)

드러나지 않음이 무한자다(90) '있다'는 '한정되다'이다(91) 참 시원의 사태(92) 타자에 얽히지 않은 직접의 사태는 없다(93) 드러나지 않음에 얽매인 드러남(94) 어떤 묶음도 풀어버리는 자기 배반의 숙명(95) 존재론과 논리학의 바탕(96)

0300

현실 가운데에 결코 자신의 모습을 드러내지 않는 자는 다름으로 얽혀 저 편에 있음이다. 없음이다. 어떤 것도 아니다. 다만 아니다.

0301

'아니다'라고 하는 보편의 사태는 어떤 것인가. 그것은 감성의 대상도 순수 이성의 대상도 아니다. 그것은 세상에 주어지는 현상 뒤로 얽히는 그림자. 무차별의 힘이며 바탕이다.

그것은 일체를 무차별의 숙명으로 몰아넣는 자에 대한 논리적인 직관과 경험 그 자체이다.

0302

사람이 생각을 가지기 시작했을 때 잘못한 것은 무엇일까. 생각에 사물의 온전한 모습이 드러날 것이라고 기대한 점이다.

생각은 사물의 쉬임없는 파노라마를 드러낼 뿐. 생각으로 사물의 끝없는 깊이를 길어올릴 수 있는가. 사물은 생각으로 말려드는 것이 아니다. 생각이라는 것은 다만 뒤로 물러나 있는 자가 벌이는 겉치레에 말려드는 것이다. 생각은 뒤로 물러나 있는 자가 드러내보여주는 파노라마에 살 뿐이다.

생각을 끊음으로, 사람의 믿음을 거두어들임으로 오히려 파노라마 뒤로 물러나 있는 자의 모습에 가까이 갈 수 있지 않을까.

0303

생각의 시작은 암흑 속에 쌓인 자기를 떠남에 있지 않은가.

자기를 떠남은 다름으로 나아가는 것이다. 다름은 생각의 조건이다. '……아니다'로써 갈라놓음이 없이 생각이 일 수 있는가. 그러나 생각이 다름에 머물 수 있는가. 생각은 같음으로 나아가는 움직임이 아닌가. '……이다'라고 판단하지 않는가. 같음으로 나아가려 함이 없이 생각이 이는가. 생각의 흐름은 같음으로 나아가지만 다름을 피할 수 없는 것인가. 아니면, 다름으로 나아가지만 같음을 피할 수 없는 것인가. 아니면, 같음도 다름도 생각이 맴도는 바퀴 안에 있는가.

생각은 같음이나 다름에 머물 수 있는가.

머물러 있는 생각은 모순이다. 같음과 다름을 같음으로 되게 하는 모순이다. 그것은 머물러 있을 수 없는 사태이다. 같음에 머물러도 다름을 끊을 수 없고 다름에 머물러도 같음을 바라보지 않을 수 없기 때문이다.

그 머물러 있을 수 없는 사태는 같음과 다름의 다름이 아닌가. 같음과 다름이 하나의 바퀴 안에 머물러 있는 것이 아니다. 바퀴 안에서 맴도는 것이 아니다. 헤겔이나 하이데거는 왜 같음과 다름의 같음을 말하지 않으면 안 되는가.

0304

보는 눈이 보이는 세계에 속하여 있지 않음은 무엇을 말하는가. 보는 눈이 세계에 없음을 말하는가. 아니면, 그것이 다만 보이는 세계의 반대편에 놓여 있음을 가리키는가. 보이는 세계가 세계에 있는 것이라면, 보는 눈은 세계에 있는 것이 아니다. 보는 눈은 다만 보이는 어떤 것이 '아니다'라고 말할 수 있을 뿐이다.

생각이나 경험의 주체라는 자아나 영혼도 세계에 드러난 사태가 아님일 뿐이다. 우리는 보이는 세계의 바탕을 보는 눈에서, 드러난 사태의 바탕을 드러내고 일으키고 가늠하는 영혼이나 자아나 실체라고 하는 것에서 찾으려고 한다. 그러나 그러한 바탕의 실상에 대하여 잡다한 이름들을 던져보는 사람의 추론과 상상이 무엇을 드러낼 수 있는가.

0350

'밝히다', '드러내다'(identify)라는 동사는 본래의 '바로 그것', '같음'(identitas)을 가리키는 행위를 말함인가. '바로 그것', '같음'을 밝히거나 드러낼 수 있는가. 그렇게 믿으므로 참 있음에 대한 서양 사람들의 생각이 드러난 명백함과 일관성 뒤에 애매와 모순을 품게 되는 것이 아닐까. 파르메니데스와 헤겔, 데카르트와 후설이 찾아낸 존재와 사유는 드러나는 것으로 드러나지 않음을 버리지 않았는가. 드러나지 않음에서 다름으로 나아가는 움직임이 없이 무엇이 있을 수 있는가.

드러남으로 이미 떠난 바가 없는가.
드러나지 않으며 밝혀지지 않는 것, 그것이 바로 아무 한정이나 규정이나 그런 것을 가리키는 행위에 얽히지 않은 다름 아닌 '바로 그것'이라 할 만한 것이다.

명백함을 비웃는 애매성.
드러남으로 드러나지 않음.

그것이 존재와 사유 일체가 물러남으로 깨치는 진리의 숙명.

0351

'A는 B이다'라는 판단은 A는 B이며 B 아닌 것이 아니라고 말한다.

A는 B'이다' 그리고 B 아닌 것이 '아니다'라고 이중의 규정을 내리고 있다. 그리고 그 판단은 A가 B이며 A 아닌 것이 B가 아니라고도 말한다. A는 B'이다' 그리고 A 아닌 것은 B가 '아니다'라는 이중규정을 지닌다. 그러므로 'A는 B이다'라는 판단은 'A는 B이다'라고 세울 뿐만 아니라 'A 아닌 것은 B가 아니다. 그리고 A는 B 아닌 것이 아니다'라고 세우는 것이기도 하다.

하나의 판단 'A는 B이다'는 그 판단이 밀어내버린 잉여의 판단 'A 아닌 것은 B가 아니며 A는 B 아닌 것이 아니다' 없이는 이루어지는 것이 아니다. '이다'의 사태는 그의 잉여 '아니다'의 사태 없이 일어날 수 없다.

0352

어디서 사물의 정체를 찾을 것인가. 나타난 사물 자체에서 사물되게 하는 자를 찾을 수 있는가. 세상에 나타난 어떤 사물이 자기로 하여금 그 사물 되게 하는 바탕을 자기 안에 가지고 있는가. 사물 자체가 지닌 본질 가운데서 사물의 바탕을 찾을 수 있는가.

사물 자체와 같은 지평에서 사물의 바탕을 만나는가.

0353

어떻게 사물의 정체를 밝힐 수 있는가. 그 자체가 지닌 자체'인' 것으로써 밝힐 수 있는가. 그 자체 '아닌' 것으로써 밝힐 수 있는가.

그 자체에 자신의 뿌리를 가지고 있는가.

그 자체가 그러함의 참 이유를 가지고 있는가. 그 자체에 그런 것이 없다면 어디서 그러함의 이유와 뿌리를 찾을 수 있는가. 그 자체 아닌 그 밖에서 찾아야 하지 않겠는가. 그 밖의 타자가 그 자체를 한정하는 이유와 뿌리가 되지 않겠는가.

꿈이 실제인지 아닌지가 꿈 속에서 드러나는가. 꿈이 아닌 현실에서, 꿈 밖에서 정체가 드러난다. 현실에 주어진 사물의 정체는 그 사물의 현실이 아닌, 현실 밖의 타자로서 드러나지 않겠는가.

0354

무엇이 파도를 일으키며 잠재우는가. 파도치는 바다는 세상 너머 저편으로 마음을 끌어간다. 그의 정체는 파도의 물리학자에게도, 파도를 헤쳐가는 항해사에게도 드러나지 않는다.

무엇이 나무를 그렇게 자라게 하는가. 살아 있는 나무는 식물학을 하찮게 한다. 그의 분류도 생태도 그의 정체를 알려주지 않는다.

무엇이 노래에 감동을 넣는가. 곡(曲)의 이름도 악보도 없지만 모두의 심금을 울리지 않는가. 음악가는 가장 높은 경지에서 기교를 버린다.

파도와 음악과 나무를 그렇게 지어내는 자는 물리학에서, 악보에서, 식물학에서 만날 수 없다. 파도를 파도 되게 하는 자는 파도가 아니다. 나무를 나무 되게 하는 자는 나무가 아니다. 음악을 음악 되게 하는 자는 음악이 아니다.

무엇이 사물을 사물 되게 하는가. 무엇이 사물을 사물로 한정하는가. 사물을 정의하는 본질이나 형상은 사물을 사물 되게 하는 바탕인가. 사물을 사물로 한정하는 정체인가. 사물의 본질이나 형상은 사물의 정체나 바탕과 같은 것인가. 같음의 지평 위에 사물의 정체와 바탕이 드러나는가. 같음으로 이어지는 지평에서 사물을 사물 되게 하는 뿌리를 만나는가. 아니면, 다름으로 얽히어 사물의 뿌리에 이어지는가.

사물을 사물 되게 하는 사물의 뿌리.

있음을 있음 되게 하는 있음의 뿌리.

그것은 어디에 자리하는가. 있음을 있음 되게 하는 뿌리는 있음과 같은 지평에 나타나는 있음 자체도, 있음을 정의하는 본질도 아니다. 있음을 있음 되게 하는 있음의 뿌리는 있음과의 다름으로 얽힌다. 있음과 있음의 뿌리는 드러남과 드러나지 않음처럼 다름으로 얽힐 뿐이다. 있음의 뿌리 되는 가장 높은 형상이나 어떤 다른 것에도 매달림이 없이 스스로 있는 자는 세상에 있음과의 다름으로 얽히어 자기를 드러내지 않는 것이다.

0355

왜 현대 물리학자가 공(空, void)을 말하는가. 존재가 존재자에게 자기를 건네줌으로써 사물이 있게 되는 것인가. 존재나 있음이란 더 이상 의문의 여지없는 그로부터 물러날 데 없는 마지막의 바탕 자체인가.

있음이란 이미 주어진 사태로서 한정되어 있는 자가 아닌가. 있음으로서 한정되기 전의 사태는 어떤 것인가.

있음으로 드러난 자를 그렇게 드러나게 하는 자는 드러날 수 있는가. 드러난 자가 무엇에 의하여 드러나 있는가. 무엇이 존재로 하여금 존재되게 하는가.

존재자 x를 있게 하는 존재는 다만 x와 '같이하는' 것인가. 존재자 x와 같이하는 존재는 그 밖의 어떤 다른 것으로도 제한받지 않은 오직 스스로 있음인가. 그 뒤에 어떤 다른 것도 숨기지 않고 다만 무한정으로서의 존재가 존재자 가운데서 자기를 실현하는가.

존재는 자기 뒤에 스며드는 존재 '아님'이라는 한정자와 관계없이 자기를 스스로 있게 함으로 존재자와 같이 하는 것인가. 존재자는 오히려 존재를 존재로 한정하는 존재 아님을 존재 뒤에 지님으로 세계에 드러나지 않는가.

무엇으로든지 드러남은 드러나지 않음과 다름으로 얽히어 이루어진다. 자기를 드러내지 않고 숨어 있는 자만이 다름으로 얽힘이 없이 자기와의 같음을 지탱하는 것이다. 이 같음의 사태는 어떤 있음의 사태에 얽히어 자기를 보이는 것이 아니다.

0356

타자와의 얽힘을 떠난 무엇이 있는가.

타자와의 얽힘으로 자기를 저버리지 않는 무엇이 있는가.

다른 것들을 한정하거나 매개하되 자신을 한정하거나 매개하는 어떤 타자와의 얽힘도 거부하는 자, 자기밖에는 아무것도 허용하지 않는 무한자는 참으로 있는가. 그 무한자가 자기를 다시 매개하는 타자와의 얽힘에서 영원히 벗어나 예외자로 남을 것인가. 어떤 이름도 모습도 거부하는 다만 예외자로.

0390

세상에 있음으로 드러난 자는 다만 그렇게 있음으로써 그의 한정성을 지니는 것이다.

한정성은 어떻게 얽히는 사태인가. 한정을 지닌 자는 동일성을 지탱할 수 있는가. 그는 자기를 저버리고 오히려 한정하는 타자에 매이지 않는가.

그의 있음이 그 자신의 있음으로 끝나는가. 한정을 지닌 자가 매어 있는 바탕은 한정성 안에 들어앉은 것인가. 그 한정성 밖에 놓인 것인가.

0391

어떤 한정도 지니지 않는 있음은 이미 한정을 지니지 않음이 아니다. 어째서 한정을 지니지 않는 있음이 이미 한정된 것인가. 그것은 참으로 한정을 지니지 않은 것이 아니기 때문이다. 참으로 한정을 지니지 않은 것은 어떤 한정도 지닌 것이 '아니다'로서만 가리킬 수 있다.

있음은 언제나 이미 한정된 것이다.

도대체 '있다'는 것은 '한정되다'일 수밖에 없다.

0392

어떤 개념적인 규정도 주어지기 전에 드러나는 것은 참으로 매개되지 않은 직접의 사태인가. 그 직접의 사태는 헤겔이 말하는 순수 존재인가. 감각적 확실성인가. 어떤 사태든지 개념으로써만 규정되고 매개되는가.

직접의 사태는 직접의 사태로 드러나기 전의 타자와의 얽힘에서 벗어날 수 있는가. 존재로서 드러나기 이전의 존재 아닌 자와의 얽힘, 존재를 저버리고 벗어나는 타자와의 얽힘을 떠나 감각적 확실성이나 순수 존재라는 것이 참 시원(始原)의 모습을 나타내는가. 참 시원의 사태가 자신의 정체를 어떤 존재로 나타낼 수 있는가.

세상에 모습을 나타낸 무엇이 그 자신의 참 정체를 보여주는가. 오히려 무엇이 나타남으로 나타나지 않음과의 얽힘 속에 자신의 정체를 감추어버리지 않는가.

0393

있음이라는 직접의 사태에 다름이 자리할 수 있는가. 직접으로 주어진 사태이기 때문에 거기에 의문과 반성이 낄 수 없는 것이라면 그것은 그 자체이며 같음일 수밖에 없지 않은가.

그러나 이미 의문이나 반성 가운데에 자리하지 않는 사태가 있는가.

의문이나 반성은 주관적인 사태인가. 직접의 사태와 그에 대한 의문, 혹은 있음과 그의 반성은 시간적으로 사이를 두고 일어나는 것인가. 아니다. 직접의 사태나 있음 자체는 이미 다름으로 얽히어 자기를 드러낸 것이므로 벌써 의문과 반성 가운데에 자리하는 것이다. 다름으로 얽힘 자체가 의문과 반성의 사태이다.

0394

드러남은 드러나지 않음과 얽혀 있는가.

그리하여 드러나지 않음을 드러남으로 끌어낼 수 있는가. 아니면, 드러나지 않은 것은 드러난 현실과 어떤 얽힘도 지니지 않는 없는 것이나 다름 없는 허구의 대상인가.

아니면, 드러난 현실은 드러나지 않은 것으로써 밀리고 흔들리고 뒤집히는 것이 아닌가. 드러난 현실에 언제나 드러나지 않은 바가 따라다녀 지울 수 없는 그림자의 바탕으로 얽히지 않는가.

0395

묶음.

크고 으뜸되는 묶음을 찾는 것이 사람이 지닌 세계 이해의 길이겠느냐. 묶음이란 무엇이냐. 무엇과 무엇을 같음으로 여김이냐. 그러나 세상에 모습을 드러낸 무엇과 무엇을 같음으로 여기겠느냐. 모두 자기 배반의 숙명을 타고나 각기 자기와 다름으로 얽혀 사라져가는 존재가 아니더냐. 아니면, 세상에 모습을 드러낸 것과 드러내지 않은 것을 같음으로 묶을 수 있겠느냐. 사람이 무엇을 무엇에 같음이라 여길 때 정말 같음에 이른 것이겠느냐.

그 무엇이란 언제나 같음으로 거짓 행세하는 다름이니라. 다름으로 얽히는 자기 배반의 모습을 떠난 무엇이 있느냐. 그러므로 다름으로 얽히는 사물의 모습을 찾는 것이 존재의 깊이를 앎이 아니냐.

사람이 어떤 것을 어떤 것에 같음으로 묶어도 다시금 그 같음을 풀어제치며 일어나는 다름의 모습을 보는 것이 존재가 뒤에 지닌 비밀을 풀어 읽는 길이 아니겠느냐.

0396

사물을 사물 되게 하는 자는 누구인가. 사물에 매길 수 있는 술어를 찾아 그것이 사물의 모습을 좌우하는 형상이라, 사물의 정체를 드러내는 본질이라 할 것인가. 그것이 아리스토텔레스로부터 형이상학과 논리학이 세워온 사물의 연구가 아닌가.

그러나 플라톤은 그 전에, 라이프니츠는 그 다음으로 갈림길에 서 있는 철학자이다. 그리스도교 철학자들과 경험주의자들과 실존주의자들 가운데도 갈림길에 서 있는 철학자들이 있다. 그들은 사물을 사물 되게 하는 사물의 뿌리가 사물을 정의하는 본질이나 사물에 매길 수 있는 술어에 있지 않음을 보았다.

그러나 그들은 사물의 모습이나 정체를 결정하는 자가 사물 자체가 지닌 본질이나 술어에 있지 않음을 알려주는 논리가 어떤 것인지 말하지 않는다. 그들은 아직도 이른바 동일성을 존재론이나 논리학의 바탕으로 여긴다. 그들은 갈림길에 서서 더 이상 동일성이 흐르지 않는 뒷길로 물러나는 사물의 뿌리를 돌이켜보면서도 지나쳐버린 것이다.

왜 모든 사물과 그의 의식은 자체 배반의 성질을 가지는가.

참으로 자기를 저버리지 않고 자기를 그대로 지키는 자는 누구인가. 그는 자기를 어떤 존재나 사물로도 세상에 드러내지 않는 자이다. 그는 의식이나 생각을 거부하는 자이다.

04.

시원분석이란 무엇인가

0400

사람은 잠에서 깨어날 뿐이다. 무엇이 잠에서 그를 밖으로 밀어냈는지 알 길이 없다. 그가 의식으로 돌아오기까지의 사태가 기억에 없다. 세상에 있는 자가 세상에 있기 전의 사태를 기억하는가.

있음으로 세상에 들어온 다음 있음의 연유(緣由)를, 그로 하여금 있게 한 자를 돌이켜보는가. 있음의 사태로부터 물러설 수 있는가. 물러설 데가 있는가. 기억이나 흔적을 더듬어서 있음을 세상에 던진 자의 모습을 돌이켜볼 수 있는가.

0401

사람이 자신을 둘러싸고 있는 자와의 얽힘을 그 얽힘 바깥에서 바라볼 수 있는가. 흔들리는 자기 운명의 목덜미를 휘어잡은 그 자의 돌아볼 수 없는 모습과 움직임을 어떻게 알 수 있는가.

0402

'사과는 나무에서 왜 떨어지는가?' 정원에 있는 사과나무에서 열매가 떨어지는 것을 바라보던 뉴턴이 던졌다는 물음. '바람이 불어서?' '아니다.' '익은 사과를 잡고 있는 꼭지가 무게에 못 이겨서?' '아니다.' 뉴턴은 만유인력이라는 신비의 가설로 거슬러올라간다.

원인이나 이유나 근거를 찾는 것은 모두 어떤 행위인가. 한정된 것을 한정하는 자를 찾음이다. 주어진 사태를 후건이나 귀결로 만드는 전건이나 이유될 만한 가정의 바탕을 논리적으로 찾음이다. 이 논리적인 추론의 길을 시원(始原)분석이라고 할 만하다.

0403

이해한다는 것은 뒤로 물러선다는 것이다.

인상에 주어진 직접의 사태로부터 물러서는 것이다. 그래야 그러한 사태를 받쳐줄 가설에 이를 수 있다. 물러섬으로써 얻은 가설의 타당성을 어떻게 보장할 수 있는가. 그것은 발견되는 것이지 증명되는 것이 아니다.

가설에 이르기 위하여 어떻게 물러서는가. 직접의 사태에서 뒷걸음질쳐 가설의 바탕으로 내려앉는다. 그러나 가설의 바탕은 직접의 사태와 다른 단계에서 자리하는 것일 뿐, 그것이 참으로 어떤 것인지 이데아인지 절대의 존재인지 물질과 정신인지 기(氣)와 리(理)인지 아무도 확실히 말할 수 없다. 다만 사람들은 다름의 사다리를 거쳐 제각기 다른 가설의 동굴로 들어앉을 뿐이다.

0404

인간을 이해하기 위하여 인간으로부터 물러서야 한다. 인간을 바탕으로 해서 인간을 이해할 수 있는가. 인간은 인간을 넘어서는 자에 달려 있으니까. 자연의 이해를 위하여 역시 자연으로부터 물러서야 하지 않겠는가. 자연은 자연을 넘어서는 자에 달려 있으니까.

0405

바탕에 대한 물음에 끝이 있는가.

바탕은 다시 아래의 바탕으로 내려앉지 않는가. 그러나 바탕을 찾아 끝없이 아래로 물러앉는 행위를 감각주의자도 관념론자도 실재론자도 거부하지 않는가. 감각이라는, 이데아라는, 물체라는 대상을 세워놓고 더 이상 물러설 데가 없다고 버티지 않는가. 무엇이 그들로 하여금 이러한 독단에 머무르게 하는가.

그들에게는 그러한 대상이라는 것이 참으로 믿을 만한 것이니까. 바탕을 찾아 끝없이 물러섬 혹은 귀결을 따라 끝없이 나아감은 다만 공허한 논리적 가상을 추적하는 것이니까. 그러나 어떤 대상이 참으로 가상이 아닌가.

0406

빠져든 습관의 늪에서 자기의 몸을 일으키는 행위. 그것이 물음이다. 그가 누워 있는 '이다'라는 게으름의 조류(潮流)에서 자신을 세워서 '아니다'로 거슬러오는 타자의 파도에 부딪치려고 물음을 던진다.

0407

'그 밖에 없는가?'

이 물음이 시원(始原)의 분석을 가능하게 하는 것이다. 그것이 자기를 한정하는 자기 아닌 자를 향하여 나아가는 길이다. 스스로 있는 무한자, 초월의 일자, 절대자, 무(無), 허(虛)는 자기 아닌 것을 향한 물음으로 만나는 개념이다. 이것들은 끝없이 밀려오는 타자에 부딪쳐서 떠오르는 상상의 대상이다.

0408

'왜 있는가?'라고 하이데거는 묻는다. 나는 '그 밖에 없는가?'라고 묻는다. 이 물음은 있음의 바탕에 대한 요구를 있음의 보편성에 대한 물음으로 돌려놓는 것이다. 있음의 참 바탕은 일체의 있음에게 언제나 다시 일어나는 잉여, 타자에 놓여 있기 때문이다.

잉여나 타자 가운데서 모든 바탕 될 만한 것이 잠자고 있다.

0409

사람은 자신의 테두리 바깥으로 어떻게 얽혀 있는가. 자신의 테두리 밖의 사태에 달려 있지 않은가. 그것으로 흔들리지 않는가. 흔들림과 달려 있음은 다만 우연과 확률의 얽힘인가. 칸트에게 그런 흔들림과 달려 있음이 있는가. 그 얽힘 가운데에 빠져 있는 사람에게 무슨 자율과 자유가 있겠는가.

0430

순수 있음은 그 밖으로부터 오는 어떤 제한도 바탕도 없이 스스로 드러남인가. 있음을 있음 되게 하는 바탕, 있음을 낳는 참으로 뿌리되는 자는 없는가. 있음보다 덜 제한받는 자는 없는가. '있음 아님.' 그것은 없음이 아니다. 거기에 있음을 한정하거나 거부할 자가 놓여 있을 것이다.

'있음 아님.' 그것이 있음에 내재하는 것인가. 있음에 달려 있는 것인가. 있음을 있음으로 한정하는 시원(始原)의 바탕을 있음 자체에서 찾을 수 있는가. 있음이 그 자신을 한정하거나 좌우하는 바탕 '있음 아님'을 자기 안에 지니는 이른바 존재의 순환구조는 필연적인 것인가.

0431

시원(始原)분석은 무엇을 하는가. 한정된 것을 한정하는 자를 찾는다. 그러므로 무한자나 한정하는 자 자신은 시원분석의 출발점이 될 수 없다.

0432

있음이 세계의 시원(始原)인가.

그렇다면, 모든 없어짐이나 바뀜의 뿌리인 부정의 행위는 존재 내적인 것이다. 존재 내적인 부정과 운동으로 서구 전통의 존재론과 과학이 이루어진다. 헤겔과 갈릴레이는 각기 존재와 물체의 자존적이며 자율적인 운동을 체계화하는 데 성공한 것이다.

존재와 자연은 자율적이며 자존적인가. 그 밖의 타자로써 흔들리지 않는가. 이른바 동일성은 존재론이나 자연학의 바탕인가.

0433

바뀜이라는 것은 있음에서 없음으로 그리고 없음에서 있음으로 나아감이다. 바뀜의 뿌리는 있음에 있는가, 없음에 있는가. 아니라면, 있음과 없음은 같이 그 밑에 있는 바탕에서 다름으로 얽히어 교대하는 다만 순간의 모습들이 아닌가. 그렇다면, 바뀌는 사물들의 시원(始原)은 있음에도 없음에도 놓인 것이 아니다.

0434

서양철학의 흐름은 없어짐이나 달라짐의 현실에 의문을 던진 파르메니데스에게 어떻게 응답하는가. 없어짐이나 달라짐은 환상인가. 있음이나 같음은 참으로 주어진 것인가. 있음도 없음도 그 밖의 사태, 시원(始原)으로부터 이끌어낸 미완성의 현실태가 아닌가.

0435

세상에 드러난 사태는 결과로서 주어진 것인가. 그러므로 그것은 원인을 가지는 것인가. 사태를 그렇게 만드는 자의 정체에 이름을 붙일 수 있는가. 왜 그런 것을 찾는가. 사태로서는 사태를 이해할 수 없기 때문이다. 그렇다면 그 사태 아닌 것에서 이름할 수 있는 무엇을 찾을 수 있는가.

0436

되풀이되는 앞뒤 사건의 얽힘에 대하여 원인과 결과라는 이름을 주어야 하는가. 원인이란 앞서 있는 어떤 사태에 주는 이름인가. 아니면, 앞서거나 뒤따르거나 간에 주어진 사태를 좌우한다고 여겨지는 가상의 어떤 것에 주는 이름인가. 관찰에 드러난 사태를 풀이함에 어떤 가상의 매개자가 끼어든다면 그것을 반드시 원인이라든가 실체라든가 이데아라고 해야 하는가.

드러나지 않은 가상의 매개자에 어떤 이름을 주든지 무슨 차이가 있는가. 플라톤은 그 상상의 매개자를 이데아라고, 아리스토텔레스는 현실태로서의 형상이라고, 아퀴나스는 스스로 있는 존재라고, 헤겔은 절대 이념이라고 한다.

그들은 드러남을 한정하고 매개하는 드러나지 않음을 가리키는 것이다. 그들은 드러나지 않으며 드러내는 자를 찾아 이름을 달리 매기는 것이다.

0470

말로써 있음의 뿌리를 찾아헤매어온 역사.

말로 풀이할 수 없는 사물 자체 그리고 스스로 있는 초월자로 이름지어진 대상도 말의 세계를 떠나지 못하고 있다. 그들은 말로 엮은 그물에 걸려 있는 것이다.

말로 엮은 그물에 걸려 있지 않음을 어떻게 가리킬 수 있는가. 같음으로 엮이는 그물로부터 어떻게 있음의 뿌리로 벗어날 수 있는가.

0471

시원(始原)의 분석은 사람의 생각과 행동에서 무성하게 퍼져나간 가지들을 치면서 찾아가는 길이다. 그것은 뿌리로 돌아가는 길이다. 서양 사람의 정신은 뿌리와 바탕을 찾지만 그것은 다시 멀어져가는 길을 펼치기 위한 가설의 정점(頂點)일 뿐이다. 그들의 뿌리와 바탕은 돌아가려고 끝없이 찾는 고향으로서가 아니라 끝없이 펼쳐서 멀어져가는 출발점으로 있는 것이다. 그들이 찾는 것은 이미 이르러 떠나야 할 자리이다.

왜 돌아가야 하는가. 무성한 가지와 잎은 망각의 짐. 반역의 힘. 뿌리를 찾아 끝없이 물러서는 길에서 무엇을 만나는가.

0472

시원(始原)을 찾음. 그것은 거부하는 몸짓이다. 그것은 문명이나 철학이라는 허세로 가득찬 건축물에 허세를 더하기 위하여 쓸데없이 늘어가는 갖가지 장식들을 벗어던지려는 거부의 몸짓이다. 그것은 다만 사람을 현혹할 뿐인 잡다의 번거로움에 대한 경멸.

0473

왜 시원(始原)분석인가. 시원(始源)분석이 아닌가. 시원(始源)분석은 일어난 사태의 시작을 드러냄이다. 헤겔의 순수 있음은 하나의 시원(始源)일 수 있다. 왜 원시(原始)분석이 아닌가. 원시도 역사의 한 시점에 놓여 있는 사태다. 그것은 이미 끝난 지난날의 사태이다. 시원(始原)분석은 시작에 놓여 있는 어떤 사태를 찾음이 아니다. 그것은 지난날에서처럼 지금도 되풀이되는 보편의 바탕을 찾는다.

0474

왜 원형(原型)분석이 아닌가. 세상은 제각기 춤추는 원형들의 물결이 얽히어 짜이는 바다. 그러나, 시원(始原)분석은 원형들이 일으키는 춤과 물결에 퍼지는 한결같은 리듬을 찾는다. 그 하나의 리듬을 더듬어 시원의 박동을 듣는다.

0475

시원(始原)의 사태는 어디에 놓였는가. 언어엔가. 경험엔가. 의식의 사태엔가. 생각의 움직임엔가. 이런 것들은 왜 시원의 보편적인 사태가 아닌가. 그것들은 객관적이거나 주관적인 것으로 이미 드러난 사태이다. 그렇게 드러난 것들은 시원의 사태로부터 풀려나 갈라진 가지들일 뿐이다.

드러난 현실에 다름으로 얽히는 사태, 의문이나 반성으로 거슬러 올라가는 사태가 분석의 가장 원시적인 목표이다. 그 사태는 객관적이거나 주관적인 대상이 아니다. 경험과 언어에 달려 있는 것도, 다만 사사로운 생각이나 드러내는 의식의 대상도 아니다.

0476

시원(始原)분석은 버림으로써 마지막에 이르는 것이다. 버리지 않고 이를 수 있는 마지막은 끊임없이 맴도는 쳇바퀴 속으로 들어가는 것이다. 다름으로 얽히는 길을 따라 다름이 끊기는 저편에 이르지 않는다면 어떻게 같음과 다름이 언제나 맴도는 쳇바퀴 속 시시각각의 잡다로부터 휴식하는 절대자를 만날 수 있는가.

0490

분석이란 무엇인가. 풀어내는 일이다. 그것은 드러난 것을 전건으로 삼아 드러나지 않은 것을 후건으로 풀어내는 일이다. 그렇다면, 분석은 후건을 찾는 방법에 따라 이루어진다. 후건을 찾는 것은 전건에 대한 물음으로 시작된다. 어떤 물음이 없이 분석이나 추론은 일어날 수 없다. 물음의 가지에 따라 분석과 추론의 가지가 생기지 않겠는가.

0491

분석은 무엇을 하는 것인가. 분석은 어째서 여러 길로 나누어지는가. 분석은 주어진 것에 대하여 물음을 던지는 것이다. 무엇을 물음인가. 주어지지 않은 무엇을 찾는가. 드러나지 않은 무엇을 찾는가. 드러난 것 밖에 무엇이 있단 말인가. 물음을 품은 의문이 있고 그물을 던지는 상상이 있다. 그리고 '아니다'의 응답이 있다.

드러난 것과 그 밖의 것은 어떻게 이어지는가.

어떻게 얽히는가. 그 얽힘에서 풀려날 수 있는가. 드러난 것이 드러나지 않은 것과의 얽힘을 거부할 수 있는가. 그렇게 다름으로 얽히는 사태에 시원(始原)에의 길이 있다. 그 얽힘을 풀어 시원에 이르는 어떤 길이 있는가.

0492

논증을 위한 추론에서 찾아야 하는 것은 무엇인가. 주장을 정당화하는 이유이며 귀결을 증명하는 바탕인 전제이다. 헤겔의 변증논리는 그 추론의 시작에다 이유와 전제를 놓고 있다. 이유와 전제인 시원(始源)으로부터 그에 따르는 주장과 귀결을 끌어내는 일을 한다. 그의 변증논리는 이미 프랜시스 베이컨이나 데카르트가 내버린 스콜라 철학자들의 전제에서 귀결을 끌어내는 삼단논법의 추론과 무엇이 다른가.

그들의 논리는 귀결에서 전제를 찾고 다시 전제에 대한 바탕과 뿌리를 찾아 거슬러올라가는 길을 말하지 않는다. 전제와 이유를 그리고 그 전제와 이유의 바탕을 다시 찾는 길은 없는가. 바탕과 뿌리를 찾아 거슬러올라가는 길은 논리적인 추론이 아닌가. 이미 드러난 귀결 가운데서 그의 전제를 찾을 수 있는가. 후건의 긍정에서 전건의 긍정으로 나아가는 길이 있는가. 후건에 대하여 후건 '아닌' 것이 전건으로 되는 논리적이거나 존재론적인 가능성이 있다. 후건이 밀어낸 것 가운데서 전건을 찾는, 밖으로 놓인 타자를 얽는, 길이 귀결에서 전제로 나아가는 논리적인 이행의 바탕에 놓여 있다.

0493

어떤 한정도 지니지 않은 순수 있음을 시원(始源)으로 여길 수 있는가. 만약 순수 있음이라는 것이 어떤 의문이나 반성도 일기 전에 직접으로 주어지는 것이라면 그것은 가설에 지나지 않는다. 반성과 분석으로 바탕지어지지 않은 자가 가설의 자리를 벗어날 수 있는가. 그 이전의 사태로 물러설 수 없는 마지막 시원의 사태가 주어질 수 있는가.

참 시원(始源)은 어떤 모습으로 주어지는가. 순수 있음은 어떤 한정도 지니지 않기 때문에 그것을 분석하여 그 이전의 사태로 거슬러 올라감을 허락하지 않는가. 그러나 순수 있음은 바로 그것으로 모습을 드러내기 전의 사태에 대하여 덜 시원적인 자리에 있다. 있음에서 있음 이전으로 거슬러올라가는 추론은 있을 수 없는가. 있음으로부터 있음 이전으로 거슬러올라가는 추론이 없다면 그것은 있음의 참 시원에 대한 망각이 아닌가.

그러나 플라톤이 망각 이전의 사태인 형상의 형상으로 거슬러올라가는 추론, 자기 초월과 해탈을 향한 시원을 찾다가 개념의 분석(diaíresis)으로 돌아가는 이유는 무엇인가. 파르메니데스와 플라톤과 헤겔로 이어지는 존재논리의 큰 흐름이 참 시원을 찾아 거슬러올라가는 추론을 거부하지 않는가.

0494

현실의 감각을 가능하게 하는 형상으로, 다시 형상의 형상으로 올라가는 플라톤의 시원분석은 어떤 존재론을 일으키는가. 올라가 찾은 정상에 인간적으로 확인할 수 있는 대상이 없다. 그 정상에 놓일 수 있는 어떤 것이 없다.

그것은 어떤 것으로서의 규정을 끊임없이 피하여 사라질 뿐이다. 그것은 모든 존재로 하여금 그런 존재 되게 하는 것이다. 그러나 그것이 무엇인가. 아니다. 무엇이 아니다. 무엇이라고 할 수 있는 어떤 것으로부터 사라져가는 것이다.

현실의 감각에다 순간에 지나지 않는 존재의 빛을 던지고 사라져가는 형상들. 형상들로부터 다시 사라져가는 형상의 형상. 사라져가는 것이야말로 세계에 펼쳐지는 모든 자의 뿌리될 만한 것이다. 존재하는 자는 모두 자기를 저버림으로써 뿌리로 돌아가는 것이다. 존재하는 자가 벗어날 수 없는 숙명의 길은 자기 긍정, 자기와의 같음이 아니라 자기 배반, 자기와의 다름이다.

0495

있음의 바탕을 물음에서 라이프니츠는 어떤 논리를 끌어들였는가. 주어진 사태에 얽혀 있음. 그것이 그 사태의 바탕이 되지 않겠는가.

얽힘을 찾는 두 갈래의 길이 있다. 그 사태의 안으로 혹은 필연으로 얽혀 있는 것을 찾는 내재함축의 길과 그 사태의 밖으로 혹은 우연으로 얽혀 있는 것을 찾는 잉여추적의 길이 있다.

05.
추리는 어떻게 갈라지나

0500

서양 사람이 이해할 수 없다는 동아시아 사람의 반응체질. 동아시아 사람의 대답은 '그렇소'인지 '아니오'인지 알 수 없는 때가 많다고 한다. 그의 대답은 흔히 '그렇소. 그러나 아니오' 혹은 '그렇소. 그리고 아니오'로 들린다고 한다. 두 문명에서 서로 다른 논리가 통하고 있다는 증거이다.

서양 사람들은 그들 사이의 메울 수 없는 철학적 이견(異見)에도 불구하고 다같이 '이다'나 '아니다'의 분명한 선택을 강요하는 무모순의 형식논리를 바탕에 깔고 있다. 무모순의 형식논리가 현실 생각에 들어맞지 않는다고 선언하는 사람들인 경험주의자, 실용주의자, 실존주의자 그리고 변증론가조차도 여전히 '이다', '아니다' 사이의 딱 부러지는 갈림을 피할 수 없게 하는 논리의 바탕을 버리지 않는다.

'이다', '아니다'의 또렷한 갈림은 논리적으로 어떤 짜임에 달려 있는가. 그러나, 신의 절대자유의 능력을 믿는 그리스도교 철학자나 해탈로 나아가는 도가(道家)나 선가(禪家)가 '이다', '아니다'의 분명한 선택에 매달릴 이유가 있는가. '이다', '아니다'의 분명한 선택을 거부하는 자는 논리적으로 어떤 짜임에 달려 있는 것인가.

0501

몸이 아프다.

아픔의 파도가 일고 있다.

아픔은 나로부터 일어나는 것인가. 아픔이, 그 부정의 힘이 나의 생명을 향하여 가해지고 있다. 아픔과 나는 같은 존재로부터가 아닌 것 같다. 같은 방향으로 움직이고 있지 않다. 아픔은 나에게, 나는 아픔에 맞서고 있다. 아픔이, 그 부정의 힘이 나에게 파도처럼 시시로 밀려온다.

나는 아픔에, 그 부정의 힘에 맞서서 그것을 밖으로 밀어내려 한다. 겹겹으로 밀려오는 아픔의 높은 파도를 밖으로 밀어낼 수 있는 것인가. 내가 혹 아픔으로부터 벗어나는 것은 아픔을 가져오던 부정의 파도가 또 하나의 부정의 파도를 만나 상쇄되기 때문이 아닐까.

생명을 향하여 밀려오는 부정의 파도는 생명에 내재하는 힘으로 이는 것인가. 아니면, 생명에 외적인 힘으로 이는 것인가.

0502

일어나 밀려오고 다시 사라지는 온갖 있음들의 파도를 좌우하는 자를 역시 다른 있음의 파도에서 찾을 것인가. 아니면, 아예 있음 밖에서, 있음들의 파도 밖에서 찾을 것인가.

0503

'아니다'로 얽히는 사태가, 끊임없이 이어지는 현실의 파노라마 가운데에 갇힌다면 그것은 열린 생각으로 닫힌 현실을 낳는 것이다. '아니다'의 얽힘으로 모든 현실의 파노라마를 안아버리기 때문에 열린 생각이며 '아니다'의 얽힘이 현실 밖으로 일어날 수 없기 때문에 닫힌 현실이다.

'아니다'의 얽힘이 현실의 파노라마 밖에 뿌리를 둔다면 닫힌 생각으로 열린 현실을 낳는 것이다. '아니다'의 얽힘을 모순으로 여겨 현실 밖으로 쫓아내기 때문에 닫힌 생각이며 '아니다'의 얽힘이 현실 밖에서 밀려오기 때문에 열린 현실이다.

0504

부정하는 타자가 밖에 있음과 안에 있음 사이에서 경험주의자 오캄과 변증론가 헤겔이 맞선다. '아니다'라는 얽힘은 존재하는 사태에 내재하는 흐름으로 일어나는 파도인가, 존재하는 사태를 초월하는 타자의 힘으로 밀려오는 파도인가.

0540

논리학자는 자기 아닌 것과의 만남을 어떻게 이루는가.

그는 주어진 사태인 전제로부터 그것에 달려 있는 귀결의 사태를 끌어내려고 한다. 이러한 추리에서는 주어진 사태로부터 그것에 달려 있지 않은 타자의 사태를 귀결로 얻을 수 있는 길이 없다. 주어진 사태가 달려 있는 그래서 그 사태를 좌우하는 자, 그 사태에 대한 절대 타자를 만나려면 그 사태로부터 어떤 길로 들어서야 하는가.

좌우되는 자가 좌우하는 자, 절대 타자를 어떻게 만나게 되는가.

0541

어떤 타자에게도 달려 있지 않은 자, 그리하여 어떤 타자의 한정도 받지 않고 오히려 한정하는 절대의 타자, 그런 것은 추리의 귀결이 될 수 없는가. 귀결은 반드시 전제로 한정받거나 매개되는 것인가. 귀결은 언제나 전제에 달려 있는 것인가. 전제에 달려 있지 않은 귀결은 얻을 수 없는가. 오히려 전제를 한정하는 자를 귀결로 이끄는 길이 있는가.

어떤 주어진 전제도 자체 배반의 가능성을 뒤에 지고 있는 앞, 앞에 드러난 얼굴일 뿐이다. 전제가 되는 어떤 것도 그 자신 뒤에 머물러 드러나지 않는 그 자신의 한정자를 지니고 있다. 드러나지 않은 그 자신의 한정자를 그 자신의 뒤에서 피할 수 있는 자가 세상에 있는가.

그러므로 세상에 주어진 어떤 것에 대해서든지 그것을 전제로 해서 (1) 그에 달려 있는 바를 귀결로 하는 전제 안으로의 얽힘을 따르거나 (2) 그에 달려 있지 않고 오히려 그 밖에서 그를 한정하는 자를 귀결로 하는 전제 밖으로의 얽힘을 따르는 추리의 길이 있다. 개념들의 얽힘과 풀이로 정의(定義)나 귀결에 이르는 길을 찾는 플라톤과 아리스토텔레스는 전제 안으로의 얽힘을 바탕으로 하는 논리의 선구자이고 감각을 가능하게 감각을 규정하는 형상과 다시 형상을 가능하게 형상을 한정하는 형상의 형상을 (귀결로) 찾는 플라톤은 전제 밖으로의 얽힘을 바탕으로 하는 논리의 가능성을 귀띔하고 있다.

0542

헤겔이 풀다 만 논리학의 문제.

순수 존재가 지닌 자기 부정성은 어디에 놓인 것인가. 순수 존재는 규정되는 어떤 것으로도 있지 않음이다. 순수 존재는 규정되는 어떤 것으로도 있지 않음으로써 그렇게 규정되는 모순에 놓인다. 규정을 지니지 않은 사태에서 규정을 지닌 사태로 옮겨가는 모순의 얽힘을 연출하는 것이다.

순수 존재는 규정될 수 있는 어떤 것으로도 '있지 않음'이나 규정될 수 없는 것으로 '있음'조차 될 수 없는 것을 향한 자기 한정이나 부정은 왜 일어나지 않는가. 순수 존재가 자기 한정이나 자기 부정을 함으로써 규정될 수 없는 것으로 있음조차도 아닌 어떤 다름으로 옮겨가지 않는가.

그것은 '아니다'로써 가장 높은 (초월의) 자기 한정 혹은 자기 부정에 이르게 되는 행위이다. 그것은 규정될 수 있는 것과 규정될 수 있는 것으로 '있지 않음' 혹은 규정될 수 없는 것으로 '있음' 모두에 대하여 '아니다'라고 하는 자이다. 그것은 순수 존재의 안으로 얽힘으로 끌어들인 것들 밖으로 벗어나는 것이다. 그것은 시원(始源)의 사태인 순수 존재 밖에 놓인 잉여의 타자로 옮겨 순수 존재 자체를 한정하는 것이다.

이는 순수 존재라는 시원(始源)의 사태에 안으로 얽힘과 밖으로 얽힘이 짜는 두 갈래의 길이 함께 깃들어 있음을 알려주는 것이다.

0543

반성과 부정의 뿌리는 어디에 있는가.

반성하는 자의 이성에 내재하는 것인가. 아니면, 반성하는 자의 이성 밖에 있는 것인가. 반성과 부정의 뿌리인 타자는 어디서 일어나는 것인가. 반성하는 자의 이성 자신으로부터 일어난다고 헤겔과 그를 따르는 변증론가들은 생각한다.

반성과 부정의 매개자인 타자가 이성 초월적임을 말하는 철학자들의 역사는 아직도 미완성에 있다. 십사세기의 유명론자도 이십세기의 실증주의자나 실존주의자도 타자의 이성 초월을 논리화하지 않고 있기 때문이다.

반성과 부정의 샘은 이성 내재와 이성 초월의 두 갈래로 펼쳐지는 타자의 길을 따라 흐르는 것이다.

0544

x 아닌 것은 x에 내적인가, 외적인가. x 아닌 것이 x에 내재함으로 얽히는가 혹은 x에서 초월함으로 얽히는가.

x와 x 아닌 것 사이의 얽힘 자체는 내적인 것도 외적인 것도 아니다. 그 얽힘이 내적인지 외적인지를 좌우하는 것은 순수 논리의 사태가 아니라 말과 관념의 습관이 만드는 개념의 질서이다.

'아니다'로 얽히는 순수 논리의 사태도 말과 관념이 짓는 질서인가.

0545

'아니다'로 얽히는 시원(始原)의 사태에 모든 논리적인 추리들이 뿌리를 내리고 있다. 이 으뜸 되는 얽힘이 바탕에 놓이지 않는다면 안으로 얽힘이나 밖으로 얽힘으로 짜이는 여러 가지 추리들이 펼쳐 나아갈 수 없다.

0546

바탕을 찾음에 쓰이는 논리적인 추론에는 어떤 것이 있는가. x의 바탕을 x의 안으로 얽히는 것으로 찾을 것인가. 아니면, x의 밖으로 얽히는 것으로 추적할 것인가.

0547

논리적인 추리는 어떻게 이어지는가.

그것은 이미 주어진 것에 따르는 어떤 것을 찾거나 풀어내는 일에 매달린다. 그 따름에는 어떤 것이 있는가. 전건에 후건이 따라 이어짐에는 두 가지의 길이 있다.

그 길은 동의와 반대 혹은 '이다'와 '아니다'라는 두 가지의 반응행위로서 나아간다. 하나는 이미 주어진 것에서 이탈하지 않는 '이다'로 이어지는 계열을 풀어내는 길이며 다른 하나는 이미 주어진 것에서 이탈하는 '아니다'로서 이어지는 계열을 찾아내는 길이다. 한쪽에는 내재와 동일성으로 수렴되는 계열로 흘러서 추리가 일고 다른 한쪽에는 끝없이 일어나는 잉여의 타자로 확산되는 계열로 나아가는 추리가 인다.

0548

다름은 사람에게 견딜 수 없는 불안을 가져온다. 다름은 알 수 없는 데로 가로 놓인 거리이다. 그 거리를 잇는 다리는 두 가지의 질문 공법으로 가설되는 것이다. 저 편에 놓은 것은 이 편에 놓인 것과 같은 것인가. 다른 것인가.

0560

추리의 흐름은 무엇에 따르는가. 다만 공허한 개념의 그물과 그 얽힘에 따르는가. 아니면, 존재의 흐름을 따라 추리가 일어나는가. 오히려, 추리를 따라 존재의 흐름이 드러나는가. 어떤 가능한 존재의 흐름도 벗어날 수 없는 굴레로서 추리와 상상의 그물이 주어져 있지 않은가. 추리와 상상의 그물이 존재의 흐름을 만들지는 않더라도 존재인지 존재 아닌 무엇인지조차 알 수 없는 어떤 것으로 하여금 가능한 존재의 흐름들로 가지쳐서 나가도록 길들이지 않는가.

0561

분석은 무엇에 따르는가. 추리가 없이 분석이 이루어지는가. 분석이 있음으로 추리가 이는가. 추리는 저절로 일어나는가. 물음이 없이 추리가 일어나는가. 물음에 따라 추리가 혹은 분석이 일어나지 않는가. 어떤 물음들로 추리와 분석의 가지가 생기는가.

0562

어떤 논리적인 추리에서도 전제가 스스로 그의 결론을 낳는 일은 없다. 전제에 어떤 물음을 던졌을 때 비로소 그에 대한 응답으로서 결론이 나타난다.

0563

논리적인 추리는 주어진 전제에 대하여 어떤 물음이 던져지지 않으면 이루어질 수 없다. 주어진 전제가 스스로 결론을 낳을 수 없기 때문이다. 던져진 물음이 전제로부터 결론에 이르는 흐름을 좌우하는 것이다.

0564

논리적인 추리는 주관을 떠난 객관의 현상인가. 주관의 길잡이를 떠나 추리의 얽힘이 일어나는가.

어떻게 전제로부터 귀결로 나아가는가. 전제는 스스로 귀결을 낳는가. 아니면, 전제에 무엇이 가해짐으로써 귀결에 이르는가. 만약 전제에 어떤 명령을 내리지 않는다면 귀결이 나오는가. 전제에 내려지는 명령에는 어떤 것이 있는가. 연역논리나 변증법에서는 전제에 어떤 명령을 내리는가. 귀납법이나 음양대대(陰陽對待)의 추론에서는 전제에 어떤 명령을 내리는 것인가. 다른 명령은 같은 전제로 하여금 다른 귀결을 낳도록 할 것이다.

그러나 명령받는 자가 백지의 사태가 아니라면 그것은 다만 명령에 따르는 것이 아니다. 백지의 사태가 아닌 전제라는 것에 대한 명령은 전제에 대한 물음이다. 따라서 같은 물음에 대하여 다른 전제는 다른 귀결로 응답하는 것이다.

0565

허위나 모순을 지닌 명제는 무엇을 의미하는가, 무엇을 끌어안는가. 그것은 어떤 의미도, 규정도 거부한다. 그것은 어떤 규정도 지니지 않는다. 그것이 의미하는 바에 어떤 제한도 없다. 따라서 그것은 모든 것을 끌어안는다. 어떤 것도 밀어내지 않는다. 그것은 어떤 잉여도 놓아두지 않는다. 그의 끌어안는 둘레 가운데에 모든 명제, 그 자신의 부정이나 모순을 뜻하는 것까지도 들어 있다.

헤겔이 'x는 $\bar{x}$이다' 혹은 '순수 존재는 순수 무이다'라고 말하는 바탕은 어디에 있는가. 어떻게 x가 그 자신의 부정이나 모순을 끌어안는가. x가 어떤 규정도 지니지 않거나 무한자이기 때문이다. 헤겔의 $\bar{x}$를 낳는 x도 현대 기호논리학자의 모든 것을 끌어안는 모순명제 $p \cdot \bar{p}$도 어떤 규정을 지니지 않은 무제한자이다. 그들의 x와 $p \cdot \bar{p}$는 그 자신 밖에 잉여를 놓아두지 않는다. 따라서 $\bar{x}$도 $\overline{p \cdot \bar{p}}$도 각기 x와 $p \cdot \bar{p}$의 안으로 얽혀드는 것이다.

그러나 논리적인 얽힘에서 전제가 언제나 무한자이거나 어떤 규정도 지니지 않은 자는 아니다. 오히려 무한자가 귀결로 될 수는 없는가.

그 자신 안에 존재의 바탕을 가지고 있지 않은 피조자가 스스로 존재하는 무한자에 어떻게 얽히는가. 그 자신의 운명을 스스로 결정할 수 없어 그 자신 아닌 타자에 매달린 자가 그 타자 혹은 잉여에 대하여 가지는 논리적인 얽힘은 어떤 것인가. 전제가 그의 안으로 끌어안지 않는 잉여나 초월자나 무한자를 여전히 전제에 얽히어 일어나는 귀결로 이끌 수 없는가. 자기 아닌 사태에 매달린 유한자를 전제로 하여 무한자나 스스로 있는 자나 신(神)을 귀결로 하는 논리의 얽힘을 일으킬 수 있는가. 유한자 x가 끌어안는 테두리에서 밀려나간 잉여인 타자로서 $\bar{x}$가 주어진다. 귀결 $\bar{x}$는 전제에 주어진 유한자 x에 잉여로서 얽히어 귀결로 나타나는 것이다.

흄은 이어지지 않은 조각들로 주어진 인상들에서 인과의 얽힘이나 물체의 있음을 지각할 수 없다고 말한다. 인과의 얽힘이나 물체의 있음이 조각들로 주어지는 인상들 밖의 잉여세계 $\bar{x}$에 놓여 있기 때문이다.

인상 밖에서 인상을 얽어내미는 잉여자 $\bar{x}$는 참 무한자이거나 창조자인가. 아니면, 참 무한자나 창조자는 한 집합의 인상들인 유한자(x)와 나머지 집합의 유한자($\bar{x}$)의 전체 집합의 잉여자 $x \cup \bar{x}$에 해당하는가. 아니면, $x \cup \bar{x}$는 다만 무(無)나 허(虛)에 해당하는가. 어느 단계의 잉여에 대해서든지 다시 그것을 한정하는 다음 단계의 잉여가 끝없이 일어나는데 어느 단계의 잉여를 궁극의 무한자로 상상해야 하는가.

끝없이 이어지는 다음 단계의 잉여, 무한의 타자를 다만 사람이 매기고 싶은 뜻에 따라 이름할 뿐이다. 스스로 있음이니 창조자 신이니 무(無)니 허(虛)니.

0566

현대 논리학자가 말하는 '$p \supset q$'의 논리적인 얽힘에서 후건이 전건에 어떻게 매달리는 것인가. 전건이 거짓이라면 그 전건의 안으로 얽히는 바(어떤 규정도 지니지 않음으로써 어떤 잉여도 놓아두지 않음)에 따라서 참과 거짓을 모두 후건으로 허용한다. 전건이 참이라면 그 전건의 안으로 얽힘에 따라서 참만을 후건으로 허용하고 거짓된 후건을 밀어낸다. 거짓된 후건은 참된 전건의 안으로 얽히는 바가 아니기 때문이다. 어느 경우에나 $p \supset q$라는 논리적인 얽힘은 후건이 전건의 안으로 얽히는 짜임으로써 이루어지는 것이다.

아리스토텔레스의 삼단논법에서 헤겔의 변증논리를 거쳐 오늘의 기호논리에 이르기까지 전건의 안으로 얽힘으로 후건이 매달리는 짜임을 추리의 방법으로 삼아왔다.

그러나 어떤 후건이든지 안으로 얽어들일 만한 전건이 언제나 주어지는가. 어떤 전건으로부터 무한자나 태초의 스스로 있음이나 없음이나 사물 자체라고 하는 후건 또는 귀결을 얽어 이끌어낼 수 있는가. 이러한 후건을 안으로 얽을 만한 전건이 있는가. 오히려 그러한 후건은 어떤 전건의 안으로도 얽히어들지 않아 그 밖에 놓여 있기 때문에 전건에 매달리지 않는 잉여의 타자를 후건이나 귀결로 해야 하지 않겠는가.

0567

전제가 낳을 수 있는 귀결에는 어떤 것이 있는가. 전제의 안으로 얽힘과 밖으로 얽힘은 어떻게 다른 귀결을 가져오는가.

논리적인 추리라는 것은 흔히 전제가 지닌 의미나 진리 값에 매달려 얽히는 것을 귀결로 하여주는 짜임을 바탕으로 이루어져왔다. 기호논리의 추론규칙 '$p \supset p \vee q$'이나 '허위나 모순 명제는 어떤 명제든지 함축한다'는 명제는 그러한 논리적인 얽힘을 나타낸다. 허위나 모순의 명제는 어떤 규정도 지니지 않으므로 거기에 매달려 얽히는 명제도 무한정이어서 어떤 명제든지 귀결로 끌어들이는 것이다. p를 전건으로 하는 후건 $p \vee q$(TTTF)는 결코 p(TTFF)가 가리키는 의미나 진리 값을 벗어나지 않으므로 p의 안으로 얽히는 것으로서 받아들이는 것이다.

그러나 전제가 지니는 의미나 진리 값을 넘어서는 잉여를 귀결로 할 수 있는가. 잉여는 전제가 지닌 의미나 진리 값에 매달리는 귀결인가. 전제가 끌어안는 그 자신의 의미나 진리 값의 테두리를 넘어 잉여에 얽히는 어떤 길이 주어질 수 있는가. 전제와 전제의 잉여는 어떻게 얽히는가. 전제가 끌어안는 의미나 진리 값의 테두리 밖에 놓인 잉여는 전제에 매달리지는 않음에도 불구하고 그 전제 밖으로 얽히는 논리적인 짜임을 거부할 수는 없다.

0590

신이 아닌 사람은 어떤 사태에 대하여 명제 p를 긍정할 때 p 아닌 것을 거부할 수밖에 없다. 그는 p와 p 아닌 것 사이에서 참으로 같음이나 하나로 이어짐을 관찰할 수 없기 때문이다. 그에게는 세계에 주어진 모든 사태들이 서로 다름으로 얽힘을 피할 수 있는 데가 없다.

오직 신 안에서만 p와 p 아닌 것이 참으로 다름이 아닌 것으로 사라져버리지 않겠는가. 무엇이 신이 바라보는 가없는 대해(大海) 가운데서 그의 다름을 지탱할 수 있겠는가.

0591

신에게 세계 전체는 하나와 같을 것이다. 인간에게 세계는 하나일 수 없으며 다름이 난무하는 곳이다. 라이프니츠의 모나드에게는 안으로 얽힘과 밖으로 얽힘이, 그리하여 필연과 우연이 함께하는 세계가 펼쳐진다. 그의 세계는 하나로는 아직 합쳐지지 않는 다름의 벽들로 갈라져 있다. 헤겔의 절대자에게는 밖으로 얽히는 잉여가 없으며 모두 안으로 얽힘이며 우연이 없으며 모두 필연이다. 그에게 세계는 모두 하나이며 같은 것이다. 그러나 이렇게 두 갈래로 벌어질 수 있는 세계는 실제의 사태 자체라기보다는 사람이 지어낸 논리의 상상이며 선택의 결과일 뿐이다.

0592

개체는 그와 같이 있는 다른 개체와 어떻게 얽혀 있는가. 한 개체의 안으로 얽힘으로 그 개체 밖의 세계의 사태가 하나로 수렴되는 길을 라이프니츠와 헤겔이 찾는다. 그들이 바라는 세계에는 참 타자, 말하자면 매개를 불허하는 다름이 있을 수 없다. 아리스토텔레스의 형식논리의 바탕에 놓여 있는 안으로 얽혀 짜임은 라이프니츠의 예정조화론에서도 헤겔의 변증논리에서도 받아들여진다.

이 안으로 얽혀 짜임을 어떤 철학자들이 버리는가. 중세 유럽의 기독교 철학자들. 무한 절대의 타자인 신(神)의 존재와 속성을 현실에 놓인 개체들 혹은 그들의 지성 안으로 얽어 짜넣을 수 없으니까. 그렇다면, 중세의 마지막 철학자 유명론자가 말하는 경험과 직관이나 신의 계시는 안으로 얽혀짜임에 맞서는 밖으로 얽혀 짜임을 세계 발견의 논리로 꺼내놓았어야 하지 않겠는가.

0593

파르메니데스와 오캄.

논리적인 짜임의 모형을 두 갈래로 세워놓은 철학자들.

하나는 밖으로 나아갈 데 없이 막혀 있는 완성의 세계에, 다른 하나는 그 밖에 무한의 가능성을 남겨서 열려 있는 미완성의 세계에 산다. 하나는 무한에의 수렴을 가리키는 연속의 논리 위에, 다른 하나는 거듭되는 해체가 숙명인 단절의 논리 위에 있다.

0594

플라톤은 파르메니데스를 따라 '있음 아님'이 있음의 영역을 벗어날 수 없는 것으로 보았다. 그의 전략은 순수 없음을 순수 있음의 안으로 얽히는 것으로 풀이하는 헤겔의 논리와 무엇이 다른가. 그들은 왜 '있음 아님'이 있음의 영역 밖에서 있음을 한정하는 것이라고 말할 수 없는가.

그들은 왜 있음 자체가 이미 한정되어 있음을 볼 수 없는가. 그들의 존재론이 언제나 안으로 얽힘의 논리를 바탕으로 하기 때문이다.

0595

무엇이 한정된 자를 한정하는가.

무엇이 한정된 자의 정체를 짓는가.

한정된 자 자신의 안으로 얽혀들어감으로 밝혀지는 본질인가. 본질은 여전히 한정된 자에 예속하여 있지 않은가. 본질은 다시 그 자신을 한정하는, 본질 밖으로 얽히는 타자를 피할 수 없다.

0596

말할 수 없는 것을 말하려 하거나 이해할 수 없는 것을 이해하려는 상상의 노력은 어디서 시작하는가. 상상이 일어날 때 그것은 어디를 향하는가.

그것은 확실한 사태를 떠나 확실치 않은 타자의 사태로 나아가는 행위. 이미 확정된 지평선 너머로 퍼져나가는 잉여추적의 행위. 잉여추적의 행위로써 확률귀납이나 음양대대(陰陽對待)의 논리적인 얽힘이 이루어진다.

0597

변증법의 타자와 모순이 펼쳐지는 길은 음(陰)과 양(陽)이 대대(對待)로 얽히는 바뀜과 비슷한 것인가. 타자의 모순과 음양의 대대는 무한정의 뿌리로부터 시작한다. 무한정의 뿌리는 존재의 가설에다 자기를 묻는다. 존재의 가설로부터 어떻게 운동이, 논리적인 펼침이 시작할 수 있는가. 존재의 가설에 깔린 운동의 혹은 추리의 원리는 어떤 것인가. 가설의 존재 안에 내장되어 있는 것인가. 아니면, 존재 밖에서 다가오는 기회에 따르는 것인가.

0598

프랜시스 베이컨의 귀납논리와 헤겔의 변증논리는 그 이전의 연역법에 대하여 어떤 논리혁명을 시사하는가. 아리스토텔레스의 삼단논법에서 전제에 반대되거나 모순되는 결론을 만나는 것은 있을 수 없는 일이다.

'전제에 어긋나거나 모순되는 결론을 만날 수 있는가?'

베이컨은 실험이나 관찰에서 추론의 전제에 반대를 일으키는 사태를 찾는다. 전제로 하여금 자신의 안으로 얽히는 짜임 밖에서 자신의 반대를 만나도록 이끄는 것이다.

헤겔은 전제의 안으로 얽히는 짜임 안에서 전제 자신의 모순을 만나도록 풀이를 한다. 전제를 시작으로 하여 그 전제 안으로 얽힘을 풀어가는 가운데서 모순이 드러나므로 그것을 결론으로 받아들이게 하는 것이다.

0599

경험주의자가 찾는 반증 가능성은 어디로부터 흘러오는가. 변증론가의 부정성은 어디서 일어나는가. 부정으로 얽힘에서 마주치는 타자는 자기로부터 일어남인가. 자기 아닌 자로부터 닥쳐옴인가.

존재는 그의 타자라고 하는 부분조차 그의 안으로 얽어짜는가. 과학의 생각에서처럼. 그의 밖으로 얽어짜는가. 창조신화의 생각에서처럼. 얽어짬의 논리를 내재성으로 푸는 자는 아리스토텔레스와 헤겔이 아닌가. 얽어짬의 논리를 초월성으로 푸는 자는 없는가. 어째서 흄도 포퍼도 혹은 신학자도 그런 논리를 펴지 않는가. 플라톤은 그 갈림길에 서 있던 철학자이다.

06.

타자로 이어지는 경험의 논리

0600

무엇이 사람을 좌우하는가. 공포감인가, 희망인가. 거부감인가, 매력인가. 희망과 매력에 끌려 움직이는 자는 아직도 세상을 경험한 것이 아니다. 공포와 거부의 경험처럼 사람이 받아들이지 않을 수 없는 논리와 존재의 길을 가르쳐주는 것은 없다.

0601

침묵 속에 잠긴 우주의 관리자는 누구인가.

그는 사람이 다가갈 수 있는 자인가. 아니면, 다가가서 물으려는 자에게 응답하기를 거부하는 자인가. 그는 다만 거부하는 자로서 영원히 남아 있으려는 것인가.

0630

신(神)은 사람이 경험하는 현실을 다스리기 위하여 어떤 규칙에 따를 필요가 있을까.

신이 한없는 능력과 자유의 창조자라면 그는 사람이 상상하는 어떤 규칙에 매여 움직일 까닭이 없다. 그렇다면 사람이 감히 경험의 현실이 따라야 할 일반 법칙을 따질 수 있겠는가. 이렇게 절대적인 섭리자 신에 대한 몰아적(沒我的)인 헌신 때문에 어떤 선험적인 법칙도 거부하는 십사세기 유명론자들의 경험주의로부터 새로운 철학사가 시작된다.

왜 경험에 대한 추론이 연역의 규칙에 따를 수 없는가. 경험의 흐름은 어떤 연역적인 귀결에 대해서도 언제나 '아니다'라고 반대할 수 있으니까. 그러한 반대의 가능성에 대한 배려가 귀납논리에 들어 있는가.

아니면, 귀납논리는 다만 경험 일반화의 규칙으로 여겨질 뿐인가. 이러한 귀납논리는 경험주의의 발상을 참으로 간직하고 있는 것이 아니다. 경험주의는 예측할 수 없는 미래에 대한 상상으로 모든 연역적인 귀결이나 일반화에 부딪칠 반역의 가능성을 가르치는 것이다.

0631

경험은 어떤 규칙에 한결같이 복종하는가. 경험은 어떤 예측도 불허하는 다만 규칙 없는 흐름인가.

그것은 미래에 대하여 우리가 '이다' 하면 '아니다'로, '아니다' 하면 '이다'로 어떤 예약도 없이 행동할 수 있는 무법자이다. '이다'일지 '아니다'일지 미리 약속하기를 언제나 거부하는 것이 경험이다. 이 불확실과 변덕의 행태는 경험적으로 파악되는 질서인가. 아니면, 논리적인 분석으로 알려지는 것인가.

0632

경험주의자가 말하는 경험은 어떤 논리의 얽힘으로 일어나는가. 다만 우연의 얽힘에 의존하는가. 어떤 경험이든지 그 자체 안에 그렇게 되지 않으면 안 되는 이유나 근거를 가지지 않는다고 그는 말한다. 만약 경험 e가 그렇게 되지 않으면 안 되는 이유나 근거를 가질 수 있다면 그런 것은 경험 e 밖에 e 아닌 것으로 있을 수밖에 없다.

경험 e는 그 밖에 놓인 e 아닌 자에 달려 있다. 경험을 좌우하는 자는 그 경험 자체와 다른, 자기 아닌 어떤 것으로서 나타난다. 경험은 주어진 사태인 전건으로부터 그 전건 아닌 자에 달려 있는 후건으로 나아가는 밖으로 얽어짬의 논리 위에서 벌어지는 사태이다.

0633

경험의 논리는 어떤 것인가.

경험의 대상들은 어떻게 서로 얽히는가. 경험은 어떻게 부딪쳐오는가. 새로운 경험이 언제나 이미 주어진 경험 밖에서 일어난다. 그것은 이미 주어진 경험 가운데 있는 어떤 것도 아니다. 그것은 언제나 예기치 않은 타자와 잉여의 모습으로 나타난다.

0634

경험주의의 바탕을 이루는 논리는 어떤 것인가. 논리는 물음으로 펼쳐진다. 원인과 결과의 얽힘에 대하여 경험주의자는 어떤 물음을 던지는가. 원인이라고 부르는 사건 A가 결과라고 부르는 사건 B를 가져오지 않고 다른 사건 C를 가져올 수 없는가. 그런 가능성을 내버릴 수 없다면 그것은 A가 B를 일으킴이라는 인과의 얽힘에 필연성이 없음을 의미한다. A로부터 반드시 B가 이끌려나오는 것이 아니다. B는 A로부터 연역되는 필연의 결론이 아니기 때문이다. 원인과 결과의 얽힘은 필연의 얽힘이 아니라 우연의 얽힘이다.

'결과라는 것은 원인으로부터 연역되어 나오는 결론인가?'

이렇게 후건(결과)이 전건(원인) 안으로 얽히는 짜임에 따르는 것인지를 물음이 없이 인과의 필연성에 대한 의문은 일어날 수 없는 것이다. 그러므로 인과의 얽힘에 대한 경험주의자의 의문과 분석 자체는 확률귀납의 논리나 경험주의의 원칙에 바탕을 두고 있는 것이 아니다. 철저한 경험주의자조차 서양에서는 후건이 전건 안으로 얽혀짜임이라는 엄밀한 내재함축의 논리를 바탕으로 해서 그의 결론을 끌어내고 있다.

0635

음양이 서로 바뀌는 얽힘에 어떤 논리의 필연성이 있는가. 그것은 헤겔의 순수 있음이 그것 아닌 자 순수 없음으로 바뀌는 것과 같이 후건이 전건 안으로 얽히는 내재함축의 짜임을 지니고 있는가. 양에서 음, 음에서 양으로 이어짐이 어떤 엄밀한 추리의 얽힘으로 자리잡을 수 없다면 그것은 다만 되풀이하는 경험에 바탕을 둔 귀납과 확률의 법칙이란 말인가. 아니면, 양과 음 두 극(極)을 지니는 도(道)의 흐름이 그것들을 번갈아 내놓을 수밖에 없는, 역시 후건[陰이나 陽]이 전건[道] 안으로 얽히는 짜임에 따르는 것인가.

0636

경험을 좌우하는 논리는 없는가.

경험에서 모순이 일어날 수 있는가. 경험에 필연이 있는가. 경험은 그의 확률로서 0이나 1을 빼놓은 사태이다. 경험은 확률 0과 1 사이에서 일어난다. 그 사이에서 일어나는 사태는 어떤 확률이나 어떤 논리에 좌우되는가. 1/100의 확률을 가지는 사태와 99/100의 확률을 가지는 사태는 필연도 모순도 아닌 우연이라는 논리적으로 같은 지대에 놓여 있다.

그러한 지대에 놓인 사태는 확률의 정도에 관계없이 언제나 일어날 수도, 일어나지 않을 수도 있는 두 얼굴을 가진다. 그러한 사태에 대한 예상은 긍정되거나 부정될 수 있을 뿐이다.

긍정의 보기들을 찾는 길이 귀납의 논리로 열린다. 귀납의 논리는 경험의 논리인가. 아니라면, 부정의 보기들을 언제나 예상하는 다른 길이 참 경험의 논리가 아닐까. 개념의 풀이가 무모순의 형식논리와 모순의 변증법으로 갈라지듯이 경험의 논리도 후건으로 전건의 긍정을 기대하는 귀납법과 후건으로 전건의 부정을 낳는 파국의 짜임으로 가지 치는 것이다.

0637

사람이 경험하는 세상은 어떤 흐름 속에 있는가.

그 흐름은 후건이 전건 안으로 얽히는 내재함축의 짜임 위에 있는가. 아리스토텔레스와 헤겔의 형이상학이나 갈릴레이와 뉴튼의 물리학에서처럼. 아니면, 후건이 전건 밖으로 얽히는 잉여함축의 짜임 위에 있는가. 확률귀납주의자의 예측이나 음양가의 예언에서처럼. 경험이 어떤 논리와 규칙에 복종하기를 요구할 수 있는가.

바야흐로 펼쳐질 경험의 사태가 이미 주어진 사태의 흐름에 '이다'로서 이어갈 것인지, '아니다'로서 이탈할 것인지. 예측을 불허하는 미래의 사태에 선입견이 없이 대응하는 것은 전건 안으로 얽히는 추론인가, 전건 밖으로 얽히는 추리인가.

0670

왜 프랜시스 베이컨과 데카르트는 스콜라 철학자들의 삼단논법을 비판하였는가. 그것은 다만 전제가 지닌 개념의 규정 안으로 얽히는 바를 귀결로 끌어내는 공허한 자기 되풀이의 길에 지나지 않으니까. 새로운 진리 찾음의 논리가 아니니까. 왜 그들은 직관과 경험의 논리를 주장하는가. 새로운 진리를 찾는 길이 전제 안으로 얽혀 짜이는 테두리 밖의 잉여에 주어지는 직관이나 경험에 호소하는 데 있으니까.

0671

변증론가가 주장하듯이 부정성의 결여를 실증주의에 돌릴 수 있는가. 실증주의자의 현실체제에의 굴복을 규탄할 수 있는가. 실증주의에는 현실체제에 대한 부정의 자세가 없는가. 실증주의나 경험주의의 부정성은 어디에 바탕을 두고 있는가. 변증론가의 부정은 이성에 내재하는 능력인데 실증주의자의 부정은 이성보다 큰 힘에 달려 있는 것이다.

이성은 참 부정의 바탕이 되는가.

참 부정의 뿌리는 어디에 있는가.

객관에의 매개자인 참 부정의 능력은 어디에 있는가. 이성에 내재하는 것인가. 아니면, 이성의 테두리 밖의 말할 수 없는 어떤 자에 달려 있는가.

0672

경험에 대하여 변증론가와 경험주의자는 이해를 달리하는가. 그들은 어떤 경험에도 마지막의 진리가 드러나 있지 않다고 말한다. 경험이 끝없이 새로운 모습을 드러내기 때문이다. 어떤 경험의 사태도 미완결의 진실일 뿐이다.

어떤 경험의 사태든지 그렇지 않음에 얽히어 있다. 어떤 주어진 사태도 세계 자체가 아니기 때문이다. 그들이 확실히 말할 수 있는 것은 모든 경험의 사태가 그 안으로든지 그 밖으로든지 간에 '그렇지 않음'으로, 말하자면 타자로 얽히어 한정받는다는 점이다.

0673

참으로 자기 밖의 타자를 만날 수 있는가. 자기를 떠나야 하지 않겠는가. 어떻게 자기를 떠날 수 있는가. 어떻게 참으로 자기 아닌 타자의 자리에 나아갈 수 있는가. 공허한 관념과 개념 밖의 경험으로써인가. 자아반성의 이성으로써인가. 아니면, '아니다'로써 시원(始原)의 사태를 거슬러올라가는 순수 논리의 얽힘으로써인가.

0674

어떻게 현재의 특수와 우연을 벗어날 수 있는가. 일반화의 방법은 어디에 있는가. 어떻게 참으로 보편의 사태를 찾을 것인가. 선험적이거나 경험적인 가설의 길을 따라 공통의 본질을 찾아 세울 것인가. 경험의 끝없는 거부기능에 맡길 것인가.

보편에의 길은 반드시 '이다'로 귀결되는가.

끝없는 참 타자에의 길인 시원(始原)의 '아니다'로써 보편의 사태에 다가가지 않는가.

0675

말은 참으로 있음을 드러내거나 대변하는 것인가.

아니면, 말은 참으로 있음을 덮어버리거나 배반하는 것인가.

아니면, 말은 있음을 만들어내는 것인가. 상호주관의 바탕 위에 선다고 하는 말은 사람들이 같이 만들어낸 하나의 그물이 아닌가. 그 말의 그물은 참으로 주어진 사태를 건져내는 것인가. 아니면, 사람이 만들어낸 그물에 가려서 오히려 참으로 주어진 사태를 놓쳐버리는 것은 아닌가. 이십세기 언어철학의 두 가지 큰 흐름을 일으킨 장본인인 비트겐슈타인과 하이데거는 사람들이 정교하게 짜내는 말의 그물을 어떻게 돌이켜보았는가. 그들은 말의 그물이 다만 도구적으로나 실용적으로 쓰임에 그치는 것이므로 참으로 주어진 사태를 잡으려면 말의 그물과 짜임을 헤쳐보아야 함을 가르치지 않았는가.

비트겐슈타인은 왜 '아니다'에 '아니다'를 더함으로 반드시 '이다'(긍정)로 돌아가는 것은 아니라고 하였는가. 그는 왜 '아니다'라고 하는 낱말에게 논리학자나 상식인이 매기는 뜻을 거부하였는가. 그는 왜 하나의 말이 하나의 정해진 뜻이나 사태를 나타내지 않을 수 있다고 주장하게 되었는가. 그렇다면 사람의 말은 무엇을 하는 것인가. 그것은 참으로 일어난 어떤 사태를 드러내는 것인가. 그는 왜 모순이라는 것을 어떤 말의 그물이 임시로 쫓아낼 수는 있어도 영원히는 피할 수 없는 부분이라고 보았는가. 그렇다면 말의 짜임은 참으로 있는 어떤 사태를 드러내는 것이 아니라 사람이 벗어날 수 없는 올가미일 뿐이다.

사람은 말의 짜임을 따라 생각해야 하는가.

아니면, 그로부터 벗어나야 할 것인가. 비트겐슈타인과 하이데거는 말의 그물이 미치지 않는 곳을 향하여 혹은 말할 수 없는 것 앞에서 말의 그물을 끊임없이 해체시켜야 하는 필연성을 보여준다.

말의 올가미나 그것의 진리 배반성을 돌이키기보다는 말이 펼쳐지는 가지를 따라 이어져온 서양철학의 흐름을 되돌아보며 하이데거와 비트겐슈타인 그리고 자크 데리다는 말의 짜임에 스며드는 어두운 그림자를 비추고 고발한다. 엘레아학파의 다(多)와 운동의 부정, 소피스트들의 절대 진리의 부정, 소크라테스와 플라톤의 대화와 역설의 변증법, 아리스토텔레스의 분석론과 존재론은 모두 말의 믿음, 개념의 질서와 그것의 분석을 따라서 펼쳐지는 논리와 존재의 역사이다. 안젤름의 존재론적 증명이나 아퀴나스의 유비논증 또한 개념의 풀이로써 신의 존재에 이르려는 말의 믿음이 아닌가. 헤겔의 변증법의 펼침은 단순히 빈 말이 아닌 '있음'이라고 하는 참 말 혹은 개념의 풀이로 이루어지는 것이 아닌가. 말의 짜임에 대하여 처음으로 해체를 선고한 철학자는 하이데거, 비트겐슈타인, 데리다인가. 개념의 논리적인 풀이로 만들어지는 관념론에 대하여 실험과 반증을 제창한 프라그머티스트 퍼스인가. 논리실증주의자 카르납인가. 혹은 포퍼인가. 개념의 사변과 본질을 배격한 실존주의자 사르트르인가. 헤겔의 관념변증법에 자연과 실천의 변증법으로 맞선 마르크스인가.

그들은 모두 말의 믿음으로 이어져온 서양철학의 흐름에 해체를 선고한다. 그러나 말의 믿음에 해체를 처음 던져 역사의 길을 돌린 철학자는 누구인가. 해체를 말하는 데리다조차 하이데거나 니체나 헤겔로 시론하면서도 유명론자 오캄이나 경험주의자 흄을 말의 믿음에 해체를 일으킨 선구자로 잡지 않는 것은 서양철학의 흐름에서 모처럼 자각된 그의 해체의 바탕이 아직 보편에 이르지 않았음을 알린다.

0690

직접의 경험.

어느 경험주의자가 이것만이 참 사실이라고 말했던가. 만약 직접의 경험만이 참 사실을 결정하는 것이라면 경험은 더 이상 필요한 것이 아니다. 그것은 경험주의가 아니다. 경험주의자는 다함이 없는 경험에 언제나 다시금 기울일 수밖에 없는 미완성의 가능태에 자리할 수밖에 없다. 경험주의자에게나 변증론가에게 직접의 경험 혹은 현실에 주어진 사태는 그것 아닌 타자로써 부정되어 무한으로 이어지는 숙명을 지닌 영원한 가능태일 뿐이다.

0691

현상세계를 이루는 인과의 얽힘과 물체의 실재는 기실 어떤 지각의 사실로도 확인할 수 없는 가설적인 대상이라고 흄은 말한다. 그러한 대상은 다만 증거 없는 믿음이나 상상으로 주어지는 것이라고. 그러나 한 집합의 인상들로부터 귀납적으로 그러한 믿음과 상상에 이르는 것인가.

그러한 상상과 믿음의 대상을 귀결로 일으키는 추론의 과정은 어떤 것인가. 인상이라는 전제에 주어지지 않은 인과의 얽힘과 물체의 실재를 상상하고 믿게 되는 것은 어떤 추론에 따른 것인가. 전제 안으로 얽히지 않은 대상을 귀결로 하는 어떤 추론이 있는가. 전제가 지닌 규정성에 내적으로 얽혀 있지 않은 타자를 귀결로 하는 추론은 후건이 전건 밖으로 얽히는 잉여함축의 짜임에 따르지 않겠는가.

0692

지각과 관념을 넘어 어떤 대상과의 만남을 얻을 수 있는가. 관념론자는 지각이나 관념 밖의 대상과의 만남을 거부한다. 그에게는 지각이나 관념을 넘어 그 밖의 대상이나 실재에 이르는 길은 비논리적인 뛰어넘음일 뿐이다. 그의 논리인 전건 안으로 얽히는 내재함축의 짜임으로서는 지각과 관념에서 그 밖의 대상이나 실재로 뛰어넘을 근거를 찾을 수 없기 때문이다.

지각과 관념은 그럼에도 불구하고 언제나 그 너머의 대상과 실재를 향하고 찾는다. 지각과 관념에 얽히는 타자 함축을 피할 수 없기 때문이다. 선험주의와 관념론의 굴레에서 벗어나려는 경험주의자나 실증주의자나 실재론자는 결국 전건 밖으로 얽히는 타자를 찾는 것이다.

그는 관찰의 증거나 실험이 지각과 관념의 굴레를 넘어 그 밖으로 얽히는 귀결인 타자를 확인해주는 것으로 믿는다.

0693

경험이나 실험은 어떤 일을 하는가. 그것은 귀납이나 일반화의 논리에 복종하는 것인가. 아니면, 이미 세워진 진리를 거부하거나 그런 진리의 안으로 얽히는 바를 넘어 타자에 이르는 길인가. 귀납과 일반화의 논리를 거부한 포퍼는 경험이나 실험을 타자로 하여금 전건 밖으로 얽히게 하여주는 기회로서 깨닫지 않았는가.

0694

인상과 관찰, 직관과 신비적 체험 같은 비추론적인 사태는 어떻게 나타나는 것인가. 그것은 참으로 비추론적인 사태인가. 이러한 직접의 사태는 추론의 흐름에 어떻게 얽혀 있는가. 그것은 다만 추론과 상상에 외적으로 주어지는 확인과 증거의 기회인가. 아니다.

그것은 의문과 응답이, 존재와 존재 이전의 뿌리가 얽히는 한 줄기 추론이 흐르며 일으키는 파동이다. 그것은 추론과 상상이 흐르는 길에 부딪쳐서 나타나는 존재의, 아니 존재 이전의 뿌리가 짓는 매듭 현상이다.

07.

구름처럼 떠오르는 대상세계

물러나 바라보는 세계(00)　착각이 물러나면 다가오는 것(01)

이음 사이에 끼인 한 점(30)　대상이란 무엇인가(31)　부딪쳐오는 어떤 것(32)　자기 정체를 드러내지 않으며 한정하는 자(33)　논리는 비실제의 사태인가(34)　참 관념론자는 누구인가(35)

실재 X는 현상 x가 아닌 어떤 것이다(70)　말할 수 없는 어떤 것도 대상이다(71)　원인과 물체는 잉여함축으로 잡는다(72)　추리와 상상의 길에 떠오르는 대상(73)　경험과 직관(74)　한 흐름으로 일어나는 의문, 추리, 대상(75)　물 아닌 것이 물을 지음(76)　최후의 우연을 매개하는 자(77)　다름을 드러내는 비밀의 샘(78)　밀려오는 암호현상(79)　자체를 배반하며 변신하는 흐름(80)

귀의할 것인가, 풀려날 것인가(90)　얽힘을 떠난 것이 무엇인가(91)

0700

철학자들은 모두 물러나 바라보려고 한다. 물러나 바라보며 왈가왈부를 한다. 뒤로 물러나 그 앞에 놓인 세계를 내려다보는 한 계단 높은 디딤돌이 언제나 있다.

그러나, 참으로 있는가. 물러남으로 얻은 조망의 디딤돌을 철학자들은 참으로 있음이라 혹은 가장 높은 참이라 한다.

그것이 믿어지지 않는다. 물러남으로 얻은 그것에 참이라는 이름을 붙일 수 있는지. 실체니 형상이니 정신이니 물질이니 개체니 보편자니 무(無)니 허(虛)니 혹은 그 밖에 말할 수 없는 무엇이니 하는 참들이란

뒷걸음쳐 물러나며 밟는
끝없는 연장선 위의

점, 점, 점,
점들이 아닌가.

점들은 모두 물러나는 길에 걸리는 매듭이든가 디딤돌이든가. 언제나 참으로 거부할 수 없는 것은 점, 점, 점들로 이어지는 길. 그 길에서 뒤로 물러서거나 앞으로 나아갈 수 있을 뿐.

옛날로부터 그런 길을 오락가락하는 철학자들은 거리의 사람들과 무엇이 다른가. 그들의 방황과 집착이.

0701

싸늘한 방 한가운데 놓인 난로에 안심하고 손을 대본다. 얼음처럼 차갑다. 그러나, 거의 같은 순간에 너무 뜨거워 어쩔 줄을 모른다. 처음에 느낀 차가움은 상상의 착각이며 다음에 느낀 뜨거움은 착각을 거두어낸 대상의 참 모습인가. 차가운 대상은 한낱 착각으로 거부되고 뜨거운 대상이 그 자리를 메운다. 그러나 차가운 대상의 자리에 들어선 뜨거운 대상은 여전히 또 하나의 착각이 아닌가. 뜨거운 대상이 다시 거부되고 그 자리에 또 다른 대상이 들어설 수 없는가. 뜨거운 대상은 역시 지각으로 주어진 것일 뿐, 그 지각은 다시금 주어지는 새로운 지각에 자리를 내놓지 않겠는가.

착각이 아닌 대상의 참 모습은 어디에 있는가. 인상인가. 관념인가. 물질인가. 모든 착각의 뒤에는 원자의 운동이 있을 뿐인가. 아니면, 어떤 물리학자나 불가(佛家)가 말하듯이 공(空)인가. 어떤 것을 대상의 참 모습으로 여길 수 있는가.

순간에 머무는 착각을 거부하고 대상의 참 모습을 찾아가는 길은 어디서 끝나는가. 상상이나 착각이 거부되는 순간에 만나는 모든 것을 대상이라고 말할 것인가. 원시적인 착각이나 상상에 부정을 거듭하여감으로써 보다 참다운 대상을 만나게 되는 것인가.

부정의 부정이 거듭하는 데서 만나는 어떤 것을 보다 참다운 대상이라고 주장할 이유가 있는가.

부정이나 '아니다'는 대상의 실재를 지어내는 마술의 논리인가. 아니면, 사람에게 피할 수 없이 얽히는 부정이나 '아니다'는 참 대상이라는 끝없는 착각을 겹겹으로 일으키는 것이 아닌가.

0730

사람에게는 정한 목적이라는 것이 없다. 대상도 없다. 이것도 저것도 아닌 모든 것이 얽혀짜여진 가운데서 이리저리 옮겨다닐 뿐이다.

예수를 치던 사람이 같은 열심으로 그를 섬기지 않는가. 그가 풍랑과 싸우는 항해사가 되든지, 거리의 악사가 되든지 혹은 술에 빠진 노름꾼이 되든지, 그가 타고난 자질을 휘둘러 그 자리에 어울리는 무슨 일이든지 하지 않을까. 사람을 휘두르는 것은 무엇인가.

무엇이 아니다.
세상에 무엇이 있는가.
무엇이라 할 만한 것이 없다.

이것인가 하면
저것이고
저것인가 하면
이것이다.

사람은 얽혀짜여진 가운데서 끼어 있는 한 점이다. 하나의 이음 사이에 끼어 보다 나은 이음 자리를 찾아 이쪽으로 저쪽으로 뛰어보는 것이다.

물결치며 흩어져가는
이음, 얽힘, 짜임.
그 밖에 무엇이 있는가.

0731

도대체 세계에 가득한 대상이란 무엇인가. 어떻게 대상은 그의 모습을 드러내는가. 상상력이나 이성과 욕구가 만들어내는 것인가. 아니면, 실재가 상상력을 설득하여 드러내는 그의 모습인가. 아니면, 상상력이 저항에 부딪칠 때 그 앞에 떠오르는 어떤 것인가.

0732

대상이라고 하는 것은 참으로 무엇인가. 그것은 보이거나 만져지는 것이 아니다. 그것은 물질이나 정신으로 되어 있는 것이 아니다. 그것은 있음이라거나 없음이라고 하는 것도 아니다. 그런 것은 믿음과 거리의 바뀜에 따라 다르게 떠오르는 여러가지 모습들이다. 참 대상은 떠오르는 모습들이 아니다. 그것은 사람이 피할 수 없는, 거부할 수 없는, 무시할 수 없는 어떤 것일 뿐이다.

그것은 사람이 펼치는 자유의 상상과 믿음의 놀이에 부딪쳐오는 어떤 것이다. 그것은 상상과 믿음에 거슬러 밀려오는 자의 몸짓이다. 그것은 마치 흐르는 바람이 차가움에 부딪치면 피어오르는 구름과 같다. 차가움에 부딪치기 전에 바람은 모습이 없고 거슬러 밀려오기 전에 대상은 자신을 드러냄이 없다.

0733

사람들은 관찰대상을 믿는다. 그러나 경험주의자들조차도 관찰되는 것을 가지고 세계를 파악하는 것은 아니라고 말한다. 관찰되는 것은 머물러 있는 것도 아니고 감추어진 것이 드러나는 것도 아니다. 그것은 언제나 다른 것으로 바뀌어지는 숙명을 지닌다.

그것은 그 밖의 어떤 것으로 구속받는다.
무엇이 관찰되는 것을 드러내고 자리 매기는가.

과학자나 철학자는 관찰되는 것을 그렇게 한정하는 자를 찾는다. 어떤 이는 그것을 미립자의 짜임으로, 어떤 이는 사물 자체로, 어떤 이는 절대 이념으로, 어떤 이는 스스로 있음으로, 어떤 이는 도(道)로, 허(虛)로 이름한다. 파노라마처럼 이어지는 이들의 이야기를 들어보면 그것들은 다만 사람이 제멋대로 만들어낸 허구나 가설로 보인다. 그들은 왜 오직 확실하게 말할 수 있는 것만을 말하지 않았는가. 그리고 그 밖에 대하여 양보하거나 침묵하지 않았는가. 관찰에 주어진 것 밖의 무엇에 대하여 무엇을 말할 수 있는가.

자기의 정체를 드러내지 않는 자에 대하여 '무엇이다'라고 한정하는 것은 사람이 신을 대신하여 지어내는 거짓일 뿐이다. 그것은 '아니다'로써 얽히는 알 수 없는 저 편 세계에 알 수 있는 대상처럼 이름을 준 것이다.

0734

사람들은 헤겔의 논리학이 비(非)실제의 관념에 대한 것이기 때문에 참으로 믿을 수 없는 것이라고 말한다. 비(非)실제의 관념이라는 점이 믿지 않음의 이유가 될 수 있는가.

물리학자가 말하는 직접 볼 수 없는 입자의 짜임은 다만 관념인가. X, Y, Z라는 기하학의 좌표축은 물체의 움직임을 분석하는 물리학자에게 실제가 없는 관념일 뿐인가. 헤겔이 말하는 순수 있음과 순수 없음이나 현존재와 타자존재 사이에서 이루어지는 얽힘이 어떤 실제사태의 분석에서 예외가 될 수 있는가. 그들이 말하는 분석의 논리는 실제 사태가 피할 수 없는 숙명의 보편성이다.

0735

참으로 사변을 즐긴 철학자는 누구인가.

참 관념론자는 누구인가. 플라톤이나 헤겔인가. 버클리인가. 그들은 그런 철학자는 아니다. 그들은 아직도 유물론자가 찾던 것에 대신할 만한 대상을 찾는다. 그들은 무엇인가 있음이라는 대상을 버리지 않는다.

무엇이 있는가.
무엇이라 할 만한 것이.
이다 하면
아니고
아니다 하면
인
그런 이음과 얽힘 가운데로
물결쳐가는 것이 세상이라면
무엇이라 할 만한
무엇이 있단 말인가.

0770

사물을 사물 되게 하는 자는 사물 자체인가. 사물은 그 자체에 자신의 뿌리를 가지고 있는가. 사물의 뿌리는 그 사물 아닌 어떤 것인가. 사물 x를 x 되게 하는 자는 x는 아니면서 사물 y를 y 되게 하는 자와 다르지 않겠는가. 그렇다면, 플라톤의 상상처럼, x 되게 하는 x 아닌 자는 x와 같은 꼴의 실재 X여야 하는가.

그것이 참으로 알 수 없는 일이다.

같은 꼴의 실재 X라는 뿌리는 x 아닌 것에 불어넣은 다만 상상이 아닐까. 사물의 뿌리를 찾아올라가는 플라톤의 변증법이 '아니다'의 사다리를 거치며 이른바 형상을, 형상의 형상을 만나게 되는가. 그것은 참으로 만난 것인가. 다만 논리적으로 피할 수 없는 가설일 뿐 아닌가. x의 뿌리를 찾아 x 아닌 것으로 올라가는 사다리에서 닮은 꼴의 실재 X인 형상이라거나 형상의 형상이라 이름할 만한 어떤 대상에 참으로 부딪치는가.

0771

'Nothing is x'

라고 말할 때 'Nothing'은 다만 해당 주어가 없음을 말함인가. 이 명제는 술어 'is x'를 매길 수 있는 대상이 없다는 것을 주장하는가. 어째서 술어 'is x'를 매길 수 있는 어떤 것도 상상할 수 없겠는가.

'Nothing is unicorn.'

'Nothing is self-creative.'

'is unicorn', 'is self-creative'라는 술어를 지니는 대상은 있을 수 없는가. 이것은 다만 논리적인 요구이며 실험적인 물음일 뿐이다. 이 물음은 허구에 대한 말놀이인가. 사람이 대상을 찾는 길이 아닌가.

드러난 대상들만으로써 세계가 만들어지는가. 현재 가지고 있는 술어들만으로써 세계를 파악할 수 있는가. 술어들을 매길 수 있는 대상이 언제나 드러나 있는 것도 아니고 세계에 드러나 있는 대상에 매길 만한 술어들이 언제나 마련되어 있는 것도 아니다. 세상에 드러나 있지 않은 그리하여 어떤 것도 아니기 때문에 이름도 없는 그런 대상과의 만남을 피할 수 있는가.

0772

한 집합의 인상들 p에 드러나지 않는 원인이나 물체라는 것은 p의 잉여인 $\overline{p}$에 자리할 수밖에 없다. 원인과 물체라는 것이 자리하는 $\overline{p}$를 어떻게 한 집합의 인상들 p로부터 이끌어내는가.

주어진 전제 p의 밖으로 얽히는 잉여나 부정으로서 $\overline{p}$가 귀결된다. 전제의 안으로 얽히는 내재함축에 따르면 귀결은 전제가 지닌 규정에 매달리는 피규정의 사태로서 이끌어지는데 전제 밖으로 얽히는 잉여함축에 따르면 귀결은 전제가 지닌 규정에 매달리지 않고 그 규정에서 밖으로 밀려난 독립의 사태로서 주어진다. 그리고 그 잉여와 독립의 귀결은 그 자체를 다시 전제로 삼는 잉여와 독립의 귀결을 가진다.

지각에 주어진 사태의 뿌리는 그것이 원인이라는 것이든지 사물 자체라는 것이든지 스스로 있음이라는 것이든지 없음이라는 것이든지 간에 모두 전제로서의 지각이 지닌 규정의 내재함축의 바깥에 놓인 것, 잉여로 얽히는 것을 귀결로 하는 것이다. 플라톤과 칸트와 하이데거와 노자가 말하는 서로 다른 존재론적 실재들은 잉여함축의 귀결로서 주어진 다만 순수 논리적인 사태에 상상으로 이름 붙인 대상에 지나지 않는 것이다.

0773

도대체 찾는 것은 무엇인가.

지금 놓여 있는 데서 어느 길로 들어서야 그것을 찾을 수 있는가. 나아갈 길을 자유자재로 돌이킬 수 있는가. 자유자재로운 길이 아니라면 무엇이 그 찾음의 길을 좌우하는가. 찾음을 향한 추리와 상상의 길은 어떻게 열리는가. 찾음의 대상이 주어지는 것이라면 그것은 결국 추리와 상상의 길에서 떠오르지 않겠는가.

0774

추리와 상상의 주체가 그 자신을 벗어나 대상을 만나는 것인가. 언제나 이미 추리와 상상의 지대에 접어든 사태가 대상으로서 다가올 뿐 아닌가.

직관이나 관찰이나 경험대상이라고 하는 것은 추리와 상상이 펼쳐지는 길에 걸려드는 어떤 것이 아닌가.

0775

의문의 사태는 사람으로부터 스스로 일어나는 것도, 사람 자신의 추리나 상상 밖에서 주어지는 것도 아니다. 그 사태는 자신이 만들어낸 것인지 타자로부터 덮쳐온 것인지 알 수 없는 그러나 언제나 벗어날 수 없는 굴레이다. 의문의 사태로부터 추리와 상상이 흘러 논리가 짜이고 그 흐름이 가로 막히는 데서 대상이라고 이름하는 것이 일어난다.

0776

물이 물로 되는데 물 아닌 것이 물로 하여금 물이 되지 않을 수 없게 한정하고 있지 않은가. 물이 스스로 자신을 물로 만드는가. 물이 스스로 자신을 바꾸어 얼음으로 하는가. 세상에 어떤 것이 스스로 자기를 만들고 바꿀 수 있는가. 물은 물 아닌 것이 내는 조건에 부딪침으로 때로는 보이지 않는 공중으로, 때로는 차가운 얼음으로 바뀌지 않는가.

어떤 사태든지 그 사태 아닌 것이 내는 조건에 마주침으로써 일어나는 것이 아닌가. 그 사태 아닌 뿌리가 그 사태에 내재하는 것인가. 존재의 뿌리는 존재에 내재하는가. 존재 밖에서 존재의 뿌리를 찾을 수는 없는가. 뿌리나 바탕이나 이유를 찾음에 두 갈래의 길을 피할 수 있겠는가.

0777

모든 주어진 사태는 타자의 한정을 기다리는 가능의 사태로서 있음이다. 어떤 사태가 다만 우연으로 그럴 뿐이라고 할 수 있는가. 우연이 세계가 지닌 마지막 모습이라고 할 수 있는가. 우연의 바탕에는 그것으로 하여금 우연 되게 하는 무엇이 있지 않겠는가. 우연의 바탕에 우연으로 한정하는 무엇이 있지 않겠는가.

철학자도 과학자도 우연을 바탕짓는 매개의 원리를 찾고 있다. 그 매개의 원리를 어떻게 찾는가. 그 원리의 하나는 전건 안으로 얽히는 짜임에 달려 있고 다른 하나는 전건 밖으로 얽히는 짜임에 달려 있다. 주어진 사태의 바탕 되는 것을 그 사태 안으로 얽히는 것으로 찾거나 주어진 사태 밖에서 사태 자체를 한정하고 바탕짓는 타자를 그 사태 밖으로 얽히는 잉여에서 찾는다.

잉여의 타자는 내재함축으로 얽히는 테두리 안의 사태를 한정하며 그의 우연을 바탕짓는다. 내재함축의 얽힘으로는 아직도 우연의 자리에 머무는 바탕인 형상이나 절대이념의 굴레를 넘어갈 수 없다. 가장 높은 형상도, 이념도 여전히 그의 밖으로 얽히는 잉여의 타자에 대하여 우연을 면치 못하는 가능의 사태일 뿐이다.

0778

다름으로 얽히거나 풀리는 사태를 현실에 드러내는 비밀의 샘은 어떤 것인가. 철학자가 찾은 그 비밀의 샘은 어떤 것인가. 선(善)의 이데아인가. 초월의 일자(一者)인가. 절대이념인가. 어떤 것을 이의 없이 받아들일 수 있었던가.

0779

참으로 있는 대상은 어떤 것이라거나 어디에 있는 것이라고 말할 수 있는 것이 아니다. 사람은 어떤 것으로부터 밀려오는 여러가지 암호를 만날 뿐이다. 의식이니 물체니 핵이니 존재니 무(無)니 하는 것은 실재의 대상이 아니라 다만 사람이 만날 수 있는 암호현상에 붙인 여러가지 이름이다.

0780

참으로 주어진 사태는 어떤 것인가. 무엇이 그 있음의 진상을 결정하는가. 관찰인가. 논리인가.

자체를 배반하며 변신하는 사물의 흐름 가운데서 피할 수 없이 만나는 것. 그것이 감각의 현상, 있음의 사태 혹은 공허(空虛)가 아닌가. 그것을 관찰의 대상이라 할 것인가. 추리의 대상이라 할 것인가.

0790

한결같지 않음의 불안으로부터 벗어나기 위하여 보편의 대상에 귀의할 것인가. 보편의 횡포에서 풀려나 자유를 얻을 것인가. 자아실현의 목적과 대상은 있는가. 아니면, 자아와 대상은 풀어버려야 할 매듭인가. 빠져나갈 수 없는 선택의 굴레 속에서 얽혀 이어지는 존재의 매듭을 번갈아잡으며 방황하는 사람들. 철학자. 정치가. 신앙가.

0791

공(空)과 무(無)와 허(虛)는 이 세상 모든 것과 논리적으로 얽힘을 떠난 존재인가. 혹은 비존재(非存在)인가. 논리를 버리고 해탈로 이른 경지인가. 어떤 존재와 비존재(非存在)와 해탈의 경지가 논리의 얽힘을 떠나버리는 것인가.

08.
파국의 논리

부정의 체험(00)　뜻밖의 사태를 상상하는 것(01)　파도에 깨지는 생각의 그물(02)

파국은 있는가(20)　죽음은 다가오는가(21)　신이 던지는 두 개의 창(22)　어떤 계획에 따르는가(23)　파국과 통속적인 논리(24)　헤겔은 흠에 응답하였는가(25)　독재자의 최후(26)

반대와 모순을 결과로 낳는다(50)　가능의 사태는 그것 아닌 미래를 가질 뿐이다(51)　예고 없는 갈림길(52)　'이다', '아니다'가 존재 자체의 모습인가(53)　거부와 반전의 논리(54)

초월의 타자를 만나는가(70)　타자의 높은 둑(71)　싸움의 뿌리(72)　사람은 무엇과 싸우는가(73)　닫힌 믿음과 생각들의 맞쇠(74)　어떤 파국에서도 견디는 기계(75)　한결같이 나가는 생각이 없다(76)　하나의 능력도, 자유도 없다(77)　상상에 맞서는 거부, 거부에 맞서는 상상(78)　불어와 부딪치는 바람소리(79)

거부로써 일어나고 지는 생명(90)

0800

목이 마른 소는 시원한 물을 마시러 풀밭을 지나 냇가로 다가간다. 냇가에 입을 대어 물을 마신다. 아니다. 이것은 시원한 물이 아니다. 입이 타고 구토가 일어난다(공장에서 흘러나온 독성 폐수이다).

밝은 의식이나 논리적인 생각을 가진 자만이 부정이나 다름으로 얽히는 사태를 경험하는가. 소와 같은 짐승에겐 부정의 체험이 없는가.

0801

'언제나 뜻밖의 재난이 닥칠 수도 있다고 하는 상상은 합리적인 생각을 불가능하게 한다.' 이것은 공포망상증 환자에 대한 한 정신과 의사의 견해다. 그렇게 상상하는 것은 망상증에 지나지 않는가. 뜻밖의 사태를 언제나 상상하는 것은 불합리한 것인가.

그 상상은 오히려 무모순의 일관성이나 사물의 언제나 같음을 지탱하려는 보통 사람들의 기대와 버릇을 떠나는 데서 일지 않는가. 재난과 같은 타자로부터의 피할 수 없는 충격과 부정, 이것을 예상하는 것이 사람이 지닐 수 있는 최대의 합리성이 아닌가.

0802

생각이란 파도처럼 일며 깨지는 것.

파도가 이는 방향으로 생각의 그물이 퍼져가고 파도가 일 때마다 깨져 다시 펼쳐지는 것이다.

그러나 방향도 알 수 없는 거친 풍랑을 만나면 산산이 찢겨진 그물에 얽힌 채로 바람과 바다가 지닌 무한한 자유와 힘을 상상해야 한다.

0820

파국은 왜 언제나 있는 것인가. 동일성이란 어떤 존재에게도 허락된 바탕이 아니기 때문이다.

0821

어디로부터 생명과 물체의 관성에 그와 다른 저항과 죽음이 다가오는가.

세상에 있는 자에게 저항하고 죽음을 가져다주는 자는 세상에 있음 밖으로 떠나 있는 것인가. 세상에 있음과 함께 하는 것인가.

0822

사람의 운명을 좌우하는 신은 두 개의 다른 창을 번갈아 던진다. '이다'(긍정)와 '아니다'(부정)라고 하는 두 개의 창.

그러나 사람이 만들어낸 경험의 논리인 귀납법을 보라. 그것은 '이다'의 사례를 모아서 일반 법칙을 만들려고 하지 않는가. '아니다'의 사례는 그러한 일반화에 걸리적거리는 것을 떼어버리는 일을 한다. 과연, 경험의 신이 부정의 사례로부터 면제된 긍정의 일반 법칙을 찾는 사람에게 마지막 승리를 주기 위하여 귀납법의 절차를 따라 한결같이 창을 던질 것인가.

그가 다음 순간에 던지는 창은 '이다'일까 '아니다'일까. 경험의 신에게 사람이 명령할 수 있는가. '이다'의 창을 던지라고.

0823

현실은 뜻하는 대로 이루어지는가. 현실은 어떤 계획에 따라 일어나는 것인가.

고아원에 있는 아이들은 원하였기 때문에 부모를 떠나게 되었던가. 능터로 소풍을 간 학교 아동이 사격장에서 날아온 유탄에 맞아 숨지는 것은 누구의 계획에 따른 것인가. 불시에 일어난 전쟁 때문에 학업을 중단하고 입대한 청년이 설계할 수 있는 미래는 어떤 것인가.

각자가 바라보고 뜻하는 것 밖으로부터 밀려오는 운명의 부름은 어떤 질서나 계획에 따르는 것인가. 사람의 경험으로부터 파국과 미결의 사태, 부조리와 무의미를 밀어내버릴 수 있는가.

0824

사람에게 파국이나 재난이 일어난다는 사실은 서양 사람들이 펼쳐온 논리를 의심스럽게 만든다. 그들의 연역논리나 변증법은 사람에게 일어나는 모든 경험과 상상을 풀어 펼쳐주는 것인가. 오히려 그 논리로써 가능한 경험과 상상을 구속하지 않는가.

그들의 논리 안에서 파국과 재난을 만날 수 있는가.

흐름이 뒤집히는 불연속의 사태는 어떤 논리에 따르는가. 힘의 각축장으로부터 밀려난 자에게 연역논리와 변증법은 어떤 미래를 말해주는가.

0825

헤겔은 흄에게 응답하였는가.

그는 경험의 현실로부터 파국과 우연의 뿌리를 뽑아버렸는가. 그는 현실에 펼쳐지는 불확실과 모순의 파노라마를 하나로 거두어들이는 무엇을 찾았는가.

그가 찾은 하나란 존재의 뿌리를 잃은 신화의 주인공과 무엇이 다른가.

0826

어떤 철학자가 자기 아닌 것을 찾아헤매었던가. 파르메니데스와 플라톤으로 시작된 자기 아닌 것을 찾아헤맨 서양 철학자들의 노력은 성공하였는가. 변증법과 경험주의의 역사는 자기 아닌 것과의 만남을 위한 어떤 전략인가.

독재자의 최후의 몰락과정을 보라.

그것은 그가 거부했던 자기 아닌 것과 이루는 파국적인 만남이 아닌가.

0850

서로 반대되거나 모순되는 것들은 가능한 세계를 완전하게 갖추도록 만드는 마디들이다. 그 가능한 세계에서 어떤 반대나 모순의 마디를 쫓아낼 이유가 없다. 서로 반대 모순되는 것들은 시간 가운데서나 추리의 펼침에서 서로 얽히어 따르지 않겠는가.

겨울의 추위가 극에 이르면 머지않아 따뜻한 봄날이 오리라고 기대하지 않겠는가. 『주역』(周易)의 작자는 음과 양으로서, 헤겔은 정(正)과 반(反)으로서 끝없이 이어지는 우주적인 반복(反覆)의 완전한 얽힘을 그리지 않는가. '가난한 자는 복이 있나니 천국이 저의 것이며 지금 우는 자는 복이 있나니 그가 웃게 될 것임이라' 말하지 않는가.

지금 주어진 사태에 반대 모순되는 것을 귀결로 삼은 것은 어떠한 추리의 얽힘에 따름인가. 주어진 사태에서 건너뛰지 않고 한결같이 펼쳐지는 연장선 너머에 얽혀 있는 잉여의 사태에 대한 상상으로 귀결이 나오지 않겠는가. 이러한 귀결은 내재함축을 따르는 추리의 영역 밖으로 나아가는 데서 얻어지는 것이다. 참 파국의 사태에 대한 추리는 이미 주어진 마디 밖(잉여)으로 얽히는 흐름에 따를 수밖에 없다.

0851

다르게 될 수 있는 것, 현실에 주어진 대로가 아닌 것으로 될 수 있는 것은 이른바 가능태로서 있음이다. 달라지는 모든 것은 가능의 사태로서 있음이다. 어떤 다른 것으로 혹은 어떤 아닌 것으로 되는가. 그 다름이나 아님에 필연이 있는가.

다름이나 아님은 가능의 사태에서 현실의 사태로 나아감이다. 어떤 현실의 사태로 나아감인가. 어떤 현실의 사태로 드러날지 미리 알 수 있는가.

땅에 떨어진 고추씨가 적당한 물과 햇볕을 받아 싹이 트고 가지를 뻗어 열매를 맺을 것인가. 아니면 꽃이 피자마자 비바람에 떨어져 잎사귀만 무성한 나무가 될 것인가. 아니면, 싹이 나기 전에 닭의 모이로 될 것인가. 드러나게 될 현실태의 미결성을 좇아낼 수 있는가.

가능의 사태에서 현실의 사태로 나아감에 부딪치는 우연을 막을 수 있는가. 그 미결의 정도를 확률이나 귀납논리로 줄일 수 있는가. 아니면, 미래의 현실태를 다만 가능태의 다름이나 아님으로 열어놓을 수밖에 없는 것인가.

가능의 사태가 현실의 사태로 이어짐이 서로 다름이나 아님이라는 얽힘밖에 아무것도 아님을 깊이 느낀 철학자는 누구인가. 흄이나 포퍼인가. 가능태의 다름이나 아님으로 얽히는 현실태에의 길을 어떤 논리로 형식화할 수 있는가. 음양의 얽힘으로인가. 드러난 현실태인 양의 사태로 하여금 아직 드러나지 않은 바를 지닌 가능태로서 음의 자리에 놓이게 하는 흐름은 양음 다시 음양이라는 서로 다름 혹은 아님의 매듭으로 이어지는 것이 아닌가.

0852

'이다'와 '아니다'의 갈림길에 예고없이 나타날 미래의 사태에서 불안과 불확실을 밀어낼 수 있는 자 누구인가. '이다'일지 '아니다'일지 미래에 대하여 어떤 예고의 법칙도 알려주지 않는 현실에서 아리스토텔레스와 헤겔이, 아니면 『주역』(周易)의 예언가가 무슨 실재(實在)의 본질이나 필연의 법칙을 찾았단 말이냐.

'이다'와 '아니다'를 하나의 법칙과 바탕으로 묶을 수 있는 자가 세상에 있단 말이냐.

0853

'이다', '아니다'라고 하는 사태가 세계에 나타나는 이유는 무엇인가. 그것이 존재 자체가 드러내는 두 개의 다른 모습인가. 아니면, 존재와 존재 아닌 것이 얽히며 갈라지는 모습인가.

0854

뜻밖의 사태를 만나거나 잡는 데에 연역적인 논리의 추리는 크게 쓸모있는 것이 아니다. 변증법이라는 것조차 쓸모있는 추리가 아니다. 그러한 사태가 펼쳐질 조짐에 대하여 어떤 논리가 어울리는가. 뜻밖의 사태란 이미 펼쳐진 사태의 흐름을 '아니다'라고 뒤집는 것이다. 이렇게 예고 없는 거부와 반전(反轉)에 깊은 이해를 보인 철학자는 누구인가. 흄인가. 헤겔인가. 사르트르인가. 포퍼인가. 아니면 『도덕경』(道德經) 저자인가.

사람들은 때아닌 거부와 반전, 그러한 조짐에 스며드는 불안과 미결의 사태를 어떤 논리로 맞이하는가. 점을 쳐서. 신의 뜻으로. 다만 우연으로서. 확률로서. 때로는 피할 수 없는 숙명의 길로서.

0870

초월하는 타자나 불연속의 파국을 어떻게 만나는가. 같음의 지평을 넘어 어떻게 참으로 다름에 이를 수 있는가. 같음으로 되돌아가는 어떤 추론의 연장선 위에서도 만날 수 없는 참으로 끊어져나간 저 편에 이르는 어떤 길이 있는가. 헤겔의 변증법이 끌어내는 타자는 어떤 다름을 가리키는가. 그에게 어떤 같음으로도 되돌아가지 않는 저편 타자와의 만남이 있는가.

같음의 지평에서 깨달음이 이루어지는가. 깨달음이란 다름의 사다리를 딛으며 거슬러올라감이 아닌가.

0871

자신의 존재를 드러내려는 노력이 얼마나 헛된 것인가. 그것은 수포로 돌아갈 수박에 없는 것.

그것은 타자의 높은 둑에 부딪쳐 결국은 부서지는 비극의 운명을 지닌다. 언제나 다시 일어나는 타자의 자리에 자기를 버릴 수박에 없다.

0872

끝없는 싸움의 뿌리는 어디에 있는가.

싸움에 참여하는 자가 각기 다른 바탕을 지니기 때문이다. 그 다른 바탕의 안으로 얽힘을 풀어가는 과정이 싸움이다. 바탕의 밖으로 얽힘을 풀어나가는 일은 싸움에 어떤 변화를 가져올 수 있는가.

0873

사람들의 싸움에서 무엇이 해결될 수 있는가. 싸움의 대상은 생각하지 않았던 구석에서 고개를 든다. 사람은 무엇과 대결하여 있는가. 그를 위협하는 근원적인 타자는 어디에 있는가. 사람 자신으로부터 오는 것인가. 자신이 아닌 대상으로부터 오는 것인가. 존재 내적인 타자인가. 존재 초월의 타자인가. 어떤 타자가 사람의 운명을 근원적으로 결박하여 좌지우지하는가.

0874

어떤 믿음이나 생각에 대해서도 그것을 거짓이라고 단정할 이유가 없다. 그것은 각기 누구에겐가 닫혀 있는 문을 열어주는 열쇠와 같기 때문이다. 다만 그들이 이 세상에서 서로 거부하는 사이로 얽히는 데에 문제가 있다. 어떤 것도 거부하지 않으면서 오히려 그 어떤 문으로도 자유로이 드나드는 믿음과 생각의 맛쇠라 할 만한 것이 없을까.

0875

망치, 송곳, 자, 까뀌, 집게, 나사틀이, 톱, 대패. 이 연장들이 지닌 하나의 쓰임을 물을 수 있을까. 모든 연장들의 쓰임을 한 가지로 묶을 수 있을까. 아니면, 모든 연장들을 대신하는 만능의 연장이 있을 수 없는가. 모든 자물쇠들을 열 수 있는 맛쇠처럼 어느 모로나 쓰임이 되는 만능의 연장은 어떤 모양일까.

그것은 각각의 고유한 모양을 절제해버리고 각기의 모양을 파형시킨 그 어떤 것도 아닌 것이 되지 않겠는가.

카타스트로피 머신(catastrophe machine)을 만들 수 있을까. 어떤 파국의 충격도 흡수하므로 거듭 되는 해체에도 불구하고 여전히 살아서 그 구실을 다하는 반응체는 어떤 원리 위에 세워지는가. 그 카타스트로피 머신은 어떤 정체, 어떤 같음의 원리를 지닐 수 있는가.

0876

하나의 물음을 던져놓고 그것에 답하는 긴 이야기를 펴는 것이 생각하는 자의 길인가. 생각은 끊임없이 이어가는 한결같은 외길인가. 도대체 생각은 어떤 길을 가는가. 부서지며 다시 일지 않는가. 숨어 있던 뜻밖의 사태에 부딪치지 않는가. 곳곳에서 멈추는 건널목과 갈림길. 끝없이 이는 의문.

0877

'이다', '아니다'로 얽힌 다름의 현실에 갇혀 있는 사람. 그가 할 수 있는 하나의 일이 무엇이며 알 수 있는 하나의 대상이 무엇인가. 사람에게 능력이 있다고 해서, 자유가 있다고 해서 그렇게 얽히는 현실을 벗어날 수 있는가.

0878

부정의 힘을 가진 자는 어디에 있는가.

물질에 맞서는 의식에 있는가. 있음 자체에 내재하는가. 일체의 있음 밖에서 밀려오는 것인가. 아무데도 있는 것이 아닌가. 어디에 있거나 없거나 상관이 없다. 그것은 모두 한 가지 체험일 뿐이다. 상상에 맞서는 거부이거나 거부에 맞서는 상상이다.

0879

사람이 경험하는 불합리, 불가해, 불확실, 불안, 재난은 타자로부터 불어와 부딪치는 바람소리. 사람을 향한 타자의 거부반응.

0890

산에 올라가 풀과 나무들의 무성한 자람을 보거나 바다에 나가 우뢰 같은 파도의 부서지는 소리를 듣거나.

줄기찬 생명의 일어남이며 바쁜 생명의 사라짐이다. 생명은 거부하는 힘으로 태어나 거부에 둘러싸여 잠든다. 존재 아닌 자의 힘으로 나타나고 존재 아닌 자의 힘이 거두어간다.

09.

해탈의 논리

끝내 사라지고야 말(00)　흔들리는 존재의 자리(01)　타자가 허용되지 않는 자유(02)　현실이 없는 세계(03)

지식은 간과(30)　생각은 집념(31)　생각은 다름을 일으키는 사다리(32)　만물에 깃든 거부행위(33)　하나와 잡다로부터의 자유(34)　원시적인 거부(35)　짐승의 부자유를 지고(36)　자연의 법칙을 넘어(37)　희망과는 상관없이 흐르는(38)　결국에 버려야 할(39)　다시 찾아야 하는가(40)

부지런히 뛰는 삶은 더욱 짧다(70)　자기가 치는 그물에 얽혀(71)　하나로 움켜쥐고 사라져간다(72)　상상은 허구를 부수기도 하는가(73)　자기 취소의 기능은 어디서 오는가(74)　물음의 흔적도 지운 자리(75)　왜 거부하기를 꺼리나(76)　이것일지 저것일지 망설이는 신의 모습(77)　침묵하는 자는 아무것도 아닌가(78)　'이다'라는 답을 들을 수 없다(79)　'이다'로서는 찾을 수 없는 보편(80)　혼돈에 닻을 내리는 합리성(81)　합리성의 두 갈래(82)

다할 수 없는 말(90)　말과 버릇의 그물(91)　모두 다름으로 알려진다(92)

0900

우주에 가득한 파도치는 소리는 끝내 사라지고야 말 사람의 야망과 역사에 대한 끊임없는 경고.

0901

'달려 있음'과 '흔들림'으로 얽히는 존재의 자리를 뜰 수 없는 자에게 허락된 믿음은 어떤 것인가.

0902

타자를 정복하거나 세계를 하나로 통일하거나 그것은 일시적인 자유의 환상이다. 타자가 허용하지 않는 자유는 결코 실현되지 않는다.

0903

비관주의자도 낙관주의자도 아닌 자. 그가 일 수 있는 것은 현실주의자. 그러나 그는 현실에 기대할 것이 없음을 안다. 현실이 없는 세계. 그것이 최상의 세계.

0930

문제가 있으면 답이 있는가. 답이 있으면 문제는 사라지는가. 답이 없는 것은 무지(無知)와 무능(無能) 때문인가.

능력은 한계를 만들지 않는가. 지식은 간과를 의미하지 않는가. 무지(無知)의 지(知)는 없는가. 무능(無能)의 능(能)은 없는가. 도대체 문제는 어디에 있는가. 누구의 책임인가. 문제에 따르는 해답에, 해답에 깃드는 문제에 매달려 쉬지 않고 돌아가는 바퀴 속에서 숙명의 역사를 살고 있지 않은가.

0931

병은 생명을 지닌 자의 피할 수 없는 고통인 것처럼 생각은 의문을 가진 자의 깨어날 수 없는 집념이다. 그것은 치료하거나 벗어나야 할 것이지 키우거나 잡고 있어야 할 일이 아니다.

0932

생각은 타자를 일으키는 다름의 행위.

생각은 자기 배반의 행위. 어떤 타자도 일으키지 않는 생각이 있는가. 생각이 다름 아닌 같음의 경지에 이를 수 있는가.

생각을 없앤다면 다름이 사라지지 않겠는가.

해탈은 같음의 경지. 그러나 사람은 생각이라는 다름의 사다리를 거슬러내려가 해탈에 이르지 않는가.

0933

세상에 온갖 다름이 나타나고 그 얽힘이 이루어지는 것은 만물에 '아니다'라는 거부행위가 깃들어 있기 때문이다. 이 거부행위가 없다면 일체의 이러함이나 저러함이라는 다름과 얽힘이 세상으로부터 사라지며 그러면 생각도 끊어질 것이다.

생각 자체는 언제나 이탈이며 거부이다.

무엇으로부터의 이탈이며 무엇을 향한 거부인가.

0934

수도하는 자는 왜 눈을 감는가. 눈을 감아 잡다로부터의 자유를 얻는가. 잡다에의 매몰과 잡다를 거부하는 하나에의 집착 가운데 어느 것을 진리의 길이라 할 것인가. 하나에의 집착과 잡다에의 매몰로 나누어지기 전의 사태로 물러설 수 있는가.

0935

눈을 감으면 죄어짜오는 듯한 세상이 물러가버린다. 그것이 거부의 가장 원시적인 실험이다.

0936

사람들은 어린 시절을 다시 찾고 싶어 추억으로 간직하지 않는가. 그러나 사람은 짐승의 부자유를 지고 태어나 완전 자유를 얻으려고 일생을 바친다.

완전 거부를 조건으로 완전 자유를 얻는 것이 사람이다. 신은 사람에게 자유를 가르치려고 가장 고통스러운 거부의 연습을 어릴 때에 시킨다.

0937

'사랑은 자연의 현상이다.' 이 말은 사람을 자연과 같은 바탕에 놓는 과학주의자의 풀이이다. 그것은 피할 수 없는 자연의 법칙을 가리킨다.

'자연은 용서하지 않는다.' 이 말이 과학주의자가 가르치는 자연의 법칙을 넘어 사람의 비자연성(非自然性)에 다시 마음을 돌리도록 이끄는 것이다. 사람은 그의 사랑의 기능 때문이 아니라 용서의 능력 때문에 자연보다 격이 높은 존재일 수 있다.

0938

갓난 아기는 자기 아닌 대상이 있음을 어떻게 깨닫는가. 자기의 생각으로부터 떨어져 있는 타자의 움직임을 언제 알아차리게 되는가. 자기의 희망과는 상관없이 이루어지는 자신의 운명을 언제 받아들이게 되는가. 그가 도대체 자기 아닌 참 대상의 소리나 참 타자의 몸짓에 마음을 여는 순간은 어떻게 일어나는가.

0939

늙는다는 것은 얼마나 좋은 것인가.

그것은 모든 잡다의 피로에서 해방되는 길. 젊음의 시절은 결국에 버려야 할 잡다에의 욕망으로 가득한 때. 죽는다는 것은 드디어 버림으로 들어서는 자유의 길.

0940

잃어버린 자는 다시 찾아야 하는가.

거부당한 자는 다시 구해야 하는가. 잃어버린 자는 스스로 버리는 자가 될 수 없는가. 거부당한 자는 스스로 거부하는 자가 될 수 없는가.

0970

어느날 생명의 끝이 자기에게도 올 것이라는 실감이 찾아올 때 초조하다. 일생은 어린 아이 때 하루의 꿈같다. 부지런히 뛰는 삶은 더욱 짧다. 그리고 더욱 미완성에 머무르지 않는가.

마지막이 다가오는 긴박한 순간에 모든 일에서 물러날 수 있는가. 물러나 일 없이 지나가는 시간을 바라볼 수 있는가.

0971

시간이 쌓임으로 사람은 자기가 치는 그물에 얽히어 자유를 잃어가지 않는가. 그물에서 풀리어 자유를 더해가는 역사의 흐름은 일어날 수 없는가. 자유를 더해가는 일생은 어떤 것인가.

그 흐름에 결이 달라져야 하지 않겠는가. 파도에 풀리어 떠나가는 강물처럼.

0972

거대한 부정의 힘.
강.
굽이쳐 흐르는 커다란 한줄기 물결.

그것은 파도의 성난 거품들을 쓸어 하나로 움켜쥐고 보라는 듯이 한가롭게 간다. 어제도 오늘도 끝없이 먼 어디로 사라져간다.

0973

사람이 어떤 방법으로 그가 놓인 세상의 한계를 벗어날 수 있는가. 어떤 형태로 그를 결박한 세상으로부터 그의 자취를 거두며 그의 인연을 풀 수 있는가. 어떻게 아직도 한계에 갇혀 있으면서 한계 밖으로 떠날 수 있는가.

죽음이 오기 전에 해탈이 이루어지는가. 다만 논리와 상상으로 얻는 해탈이 아닌가. 논리와 상상은 다만 허구를 만들기만 하지 않고 허구를 부수기도 하는가.

0974

본능과 감정이 진실의 파악을 언제나 방해하는 것은 아니다. 어느 때에 방해하는가. 이성의 매개를 받지 않을 때인가. 사람들은 이성을 인식의 가장 높은 기능으로 생각한다. 정말 가장 높은 기능인가. 이성을 뛰어넘는 기능은 없는가. 이러한 의문을 던지는 사람들은 순수 직관이나 해탈을 말한다.

사람의 이성은 그 가장 높은 능력을 펼치는 순간에도 그 자신의 흐름이나 갈래를 스스로 떠나는 자기 취소의 기능을 갖추고 있지 않기 때문이다.

직관이나 해탈은 그러한 흐름과 갈래에 얽히지 않은 것이라고 할 수 있는가. 그들이 다다른 직관과 해탈은 어떤 흐름과 갈래도 벗어난 참 보편의 사태인가. 아니면, 그들은 다만 보편으로 디듬어 올라가는 한 흐름과 갈래에 아직도 얽혀 있지 않은가.

0975

해탈은 일체의 논리를 떠나 있는 경지인가. 어떤 물음의 흔적도 지우고 추리의 끈도 끊어버린 자리에 이를 수 있는가.

0976

어떤 종교도 믿지 않는 사람들이 막상 신의 존재를 거부하기를 꺼린다. 왜 믿지도 않으면서 거부하지 못하나. 신은 왜 아직도 그들을 떠나지 않고 있나.

사람에게 어떤 증거도 증명도 주어지지 않는데 여전히 원인으로 얽힘이니 스스로 있음이니 절대자니 말하거나 믿거나 하는 것은 사람의 쪽에서 끊을 수 없는 그러나 알 수 없는 어디에 얽히어 달려 있기 때문이 아닌가.

0977

갈림길에 서서 엉거주춤 머물러 있는 자의 모습이 있다. 진리는 초월과 내재의 갈림길에서, 관념과 실재의 갈림길에서, 구원과 해탈의 갈림길에서 머뭇거리고 있는 것이 아닐까. 진리의 신(神)은 싸우는 생각들 가운데서 어느 편에 들 것인가.

신은 선택에 앞서는 가능의 사태에 들어앉아 이것일지 저것일지 망설이며 현실의 세계를 다스리지 않을까. 사람에겐 다만 가지가지 흩어진 갈림길일 뿐인 깊이를 알 수 없는 현실 뒤로 자신을 숨긴 신의 뜻을 어떻게 헤쳐볼 수 있는가.

0978

한계 저편의 세계는 한계 이편의 세계에 대하여 아무것도 아닌가. 우리가 침묵할 수밖에 없는 대상, 그것은 세계의 저편에서 이편을 다만 바라보며 내버려두는 것인가. 한계 이편의 세계는 저편의 세계로부터 어떤 행위도 받지 않는가.

0979

무엇인지 알 길이 없다.

공(空)인지 허(虛)인지 스스로 있음인지 되는 대로인지 그 이름조차 터무니없는 것에 지나지 않는다. 그는 인간의 물음과 행동에 대하여 '아니다'라고 답할 뿐이다. 아무도 그로부터 '이다'라는 답을 들을 수가 없다.

0980

어떻게 보편에 이를 수 있는가. '이다'의 한 묶음 다발인 본질을 찾음으로써인가.

개념이나 의식이나 경험으로써 본질을 찾을 수 있는가. 본질을 버리는 경험주의자조차 경험 가운데서 일반성을 찾으려고 한다. 사람이 보편이나 일반을 찾을 수 있는가.

찾음으로써가 아니라 오히려 버림으로써 보편과 일반에 이르지 않겠는가. 개념이나 경험 가운데는 사람의 관점이나 의도가 들어앉아 있으니까. 그러나, 관점과 의도가 '아니다'라는 충격으로 마비될 때 비로소 참 보편이 그 자신을 드러내지 않을까.

죽음에 이르는 순간에 만나는 마지막 진리는 어떤 것일까. 천국에의 길인가. 아니면 다름으로 얽히는 저편으로의 길인가. 죽는다는 것은 버린다는 것이다. 잃는다는 것이다. 모든 관점과 의도로부터 풀려난다는 것이다. 이것도 저것도 아닌 참 보편에 이른다는 것이다. 사사로운 굴레를 드디어 떠난다는 것이다.

0981

사람은 그의 이해력이나 합리성 밖에 놓인 사태에 대하여 어떤 생각을 취하는가. 결국에는 이해력이나 합리성의 영역으로 끌어들일 수 있는 것으로 생각하는가. 아니면, 오히려 사람이 지닌 이해력이나 합리성을 끝까지 거부하며 혼돈(混沌)에 빠뜨리는 잉여의 타자세계에 따라가려 하는가.

만약 잉여의 타자가 그의 세계로 끌어들일 수 없는 것이라면 그 타자에게 그의 이해력과 합리성을 넘겨주는 것이 보다 합리적이 아닐까. 사람의 체험에서 언제까지라도 사라지지 않을 타자와의 피할 수 없는 만남을 어떤 논리로 좇아갈 수 있는가.

0982

누가 참 합리성의 소유자인가.

이른바 선험주의자나 합리주의자들은 참 합리성의 소유자인가. 그들은 타자와 만나는가. 이성의 매개능력 밖으로 타자를 밀어냄으로써 혹은 이성의 매개능력을 믿음으로써 그들은 이성의 자율과 필연을 지키거나 타자의 자기화를 목표로 하는 합리성을 추구한다.

이성 자신의 우연과 의존성을 시인함으로 타자에의 양도를 목표로 하는 합리성은 없는가. 합리주의를 벗어나 실존을 말하는 하이데거와 사르트르와 반증의 논리를 펴는 포퍼는 그러한 합리성에 달하였는가. 그들은 이성 자신 혹은 있음 자체를 우연과 공허의 심연으로 밀어내는 타자를 만나 그에게 자기를, 자신의 자유를 양도하는가.

0990

한 가지 대상을 놓고 많은 그림을 그리는 화가처럼 한 깨달음으로 이런저런 말을 하는 철학자는 언제나 다하지 못한 말 때문에 미완성에 머물러 있다. 다할 수 없는 말이 남기는 것은 어디에 있는가.

0991

말의 그물을 치기 전의 시원(始原)의 사태에 접할 수 있는가. 말의 그물 바깥의 사태를 투시할 수 있는가. 체험할 수 있는가. 무엇이 그물을 뚫고 밀려오는가. 깨달음을 묻는 자에게 달을 가리키는 선사(禪師)의 손가락은 무슨 뜻인가. 스승을 따라 달을 가리키는 제자의 손가락을 잘라버린 뜻은 무엇인가. 그 충격이 말이나 버릇의 그물을 깨뜨리며 무엇을 알려주는가.

웃음은 말의 그물을 뚫는 것인가. 그것은 누구에게나 전할 수 있는 말 아닌 자연의 보편성인가. 웃음은 아직 버릇의 그물 가운데에 얽혀 있는 것이다. 그러나 웃는 얼굴에 따귀를 부친다면 웃음이 버릇의 그물을 깨뜨리고 그의 참 모습으로 돌아가지 않겠는가.

왜 실험과 모험을 하는가. 그것은 말과 버릇의 그물을 깨뜨리는 행동이다. 그것은 손가락을 자르거나 따귀를 치는 선사의 충격과 같은 것이다.

그러나 말과 버릇의 그물 안에서는 충격이, 자기 배반과 모순의 충격이 일어나지 않는가. 말 놀이와 그물의 짜임에 정직하게 따르는 철저한 서양 사람들의 생각에 그러한 충격이 닥쳐온다. 변증법을 따르는 서양 사람들이 이렇게 말 놀이와 그물의 짜임 안에서 일어나는 충격과 모순에 부딪칠 때 실증주의자와 실존주의자와 선사는 말과 버릇의 그물 밖에서 밀려오는 충격과 모순을 체험하는 것이다.

0992

드러나고 알려지는 것은 이미 자기를 떠나는 것이다. 모든 것은 그 자신이 아닌 다름으로서 세상에 드러나고 알려지는 것이다. 드러나지 않고 알려지지 않는 것이 다름 아닌 자기이며 자기밖에 어떤 것도 아닌 자기로 있는 것이다.

자기를 드러내지도 알리지도 않는 자는 누구인가. 다름으로 얽히어 드러나는 파노라마 뒤 암흑 속에 참으로 자기 자신으로의 같음을 지킴, 이것이 절대의 모습이다. 모습을 지니지 않은 자의 모습이다.

10.
철학적 문명론

1000

가지고 있던 모든 것을 잃었던 경험이 있다. 혹은 잃었던 것을 얻고 얻은 것을 다시 잃었던 경험이 있다. 8·15와 6·25, 4·19와 5·16. 멀리는 8·29와 3·1. 그러한 경험이 사람들에게 무엇을 가르쳐주었는가.

지상의 현실에 대한 더욱 깊은 집착인가. 가지고 있던 것을 다시는 빼앗기지 않으려는 보수정신인가. 아니면 '이것이 아닐 수도 있다'고 하는 상상인가. 집착에 강인한 만큼 집착의 허구성, 집착하는 현실의 배반성을 받아들이는 상상의 논리인가. 물질주의는 서양문명으로부터 온 것이라고 탓하면서도 거기서 헤어나지 못해 오히려 그것을 능가하는 금전만능주의의 사람들. 그들이 깨닫지 못한 것은 무엇인가.

사람은 유아시절로부터 무수한 박탈과 거부의 충격을 받는다. 그리하여 주어지는 현실사태에 대하여 '이것이 아닐 수도 있다'고 하는 상상은 사람에게 다가오는 자연스러운 논리이다.

1001

한(恨)이란 무엇인가. 거절당했기 때문에 풀리지 않은 감정. 실현하지 못한 일에 대한 사라지지 않는 원망과 집념. '아니다'를 토해내는 부정의 샘이 초월한 데에 있거나 현실에 펼쳐지는 파도의 피할 수 없는 밀림이기 때문에 넘쳐오는 것.

"반자 도지동"(反者 道之動).

'아니다'로 넘쳐오는 흐름은 밀어낼 수 없는 존재의 파도. 사람의 운명과 역사를 좌우하는 자연의 질서.

한(恨)을 지닌 자에게는 '아니다'로 넘쳐오는 부정의 샘을 자기화하는 연역논리나 변증법이 없었기 때문에 그것은 다만 어쩔 수 없는 밀물이나 썰물의 파도처럼 방치되었던 것인가. 그것이 우리 역사 가운데에 한의 심정으로 자리잡은 것인가. 아무리 퍼올려도 끝없이 쏟아지는 우물의 바닥처럼 깊이 가라앉은 것인가. 그것은 어째서 서양 사람의 역사에서처럼 정복하여 삼켜버려야 할 대상이 아니었던가. 그러나 세상의 누가 그것을 참으로 정복하여 삼켜버리는 데 성공하였는가.

1002

서양 사람의 정신은 자아를 실현하려는 노력으로 자기 아닌 것을 여지없이 거부한다. 그것은 부정이나 모순조차 자기 안에서 펼쳐지는 하나의 마디로 수렴하려는 것이다. 자아가 펼치는 파노라마로서 자연과 세계 정복을 향한 그의 변증법이 이루어진다.

1003

서양 사람의 생각은 사태의 실상을 그 변화의 극단에서 파악한다. 그는 극단의 실험과 모험에서 파국과 모순에 부딪친다. 그는 극단에서 일어나는 파국과 모순에 도전한다. 그것을 밀어내기 위하여. 그는 연역논리와 변증법으로, 확률과 귀납논리로 파국과 모순 제거의 절차를 찾는다. 그가 추구하는 합리성은 파국과 모순의 제거행위에 있다.

동양 사람의 생각은 극단의 모험을 즐기지 않는다. 사태는 언제나 극단에서 극단으로 반환운동을 하는 것. 어느 극단으로도 치우치지 않는 가운데에 자리함이 가장 합리적인 것이다. 파국과 모순은 거부할 수 없는 사태의 숙명. 음양의 대대(對待)나 도(道)의 반복(反覆)에서 파국과 모순은 일상적인 과정으로 받아들여진다. 사람은 피할 수 없는 숙명의 관리자가 될 수 있을 뿐. 그가 추구하는 최대의 합리성은 파국과 모순의 원만한 수락행위에 있다.

1004

서양 사람의 논리는 애매함을 밀어내는 정신으로 이루어진다. 그의 논리는 이론의 정신을 나타낸다. 이론은 말의 그물 안에서 펼쳐진다. 그의 논리는 말의 그물을 따라 이어지는 내재함축으로 얽히는 것이다.

동양 사람의 논리는 애매함을 받아들이는 정신으로 이루어진다. 그의 논리는 실제의 정신을 나타낸다. 실제의 사태는 말의 그물 밖에 걸쳐 있다. 그의 논리는 잉여포섭으로 얽혀짜인다.

1005

경험과 실험의 의외성(意外性).

초월과 기적의 불가사의(不可思議).

이러한 타자의 충격을 서양 사람들이 논리적인 추론의 대상에서 내버린 이유는 무엇인가. 그것은 그들의 논리의 바탕인 내재함축으로는 넘어갈 수 없는 저 편에서 던져오는 진동이기 때문이다.

1006

긴장과 결단으로 해서 다다르는 완전성을 바라볼 것인가. 아니면, 자유자재로운 해탈의 경지에 들 것인가.

두 갈래의 정신이 찾아가는 정점(頂點)이 다른 이유는 그들이 각기 다른 논리적인 이상을 지니기 때문이다. 한쪽에서는 '이다'와 '아니다'의 갈림이 명백하기 때문에 긴장과 결단의 극치점을 피할 수 없고 다른 쪽에서는 '이다'와 '아니다'의 갈림이 애매하기 때문에 반논리(反論理)와 해탈(그러나 그것이 또 하나의 논리가 아니겠는가?)의 영역에 끌리지 않을 수 없다.

갈림을 명백하게 해서 펼쳐지는 엄밀한 폐쇄논리는 논쟁과 분규가 허용되는 결국의 개방사회를 낳고 갈림을 애매하게 함으로써 나타나는 달관(達觀)의 개방논리는 용해와 화합을 달래는 결국의 폐쇄사회를 가져온다.

1007

현악기를 연주하는 서양의 음악가를 볼 때마다, 옛날 도승(道僧)의 이야기를 들을 때마다 마음 가운데서 맞서는 두 갈래의 정신. 긴장의 갈림과 자유자재. 실현과 해방.

1008

한 철학의 전통이 대륙에서 대륙으로 옮길 때 어떤 시험을 거치는가. 유럽 대륙의 철학은 영미문명권에서 어떤 시험과 변화를 받는가. 영미 사람들의 풍토와 기질은 대륙의 철학을 어떻게 삭이는가. 관념의 유희(遊戲)라 하지 않는가. 'egology' 혹은 'egotism'으로 평하지 않는가.

서양철학이 아시아 대륙에 들어올 때 어떤 시험과 평가를 거치는가. 서양 사람들은 아직도 연속성의 꿈 속에 산다. 그들의 관념으로 여전히 세계를 지배한다는 착각.

동양 사람들은 타자로써 끊김의 충격, 따로이 밀려난 세상에 익숙하다. 현대의 문명에 넋을 잃으면서도 마음 한 구석에는 영 뿌리 뽑히지 않는 원시의 습관이 웅크리고 있다. 연속성과 내재함축이라는 서양 사람들의 논리에 밀리면서 불연속과 개방의 논리로 넘어가야 하는 시대가 동양 사람들 앞에 놓여 있다.

1009

옛날에는 불교나 유교의 영향 아래에서 살았다. 석가와 공자가 말하는 진리는 얼마나 보편적인 것이었던가. 지금은 서양의 과학과 그리스도교의 영향 아래에서 산다. 성 아우구스티누스와 성 토마스, 비트겐슈타인과 하이데거의 진리가 나의 평생 연구의 과제가 될 수 있는가. 그들의 파문이 역사의 결코 멈추지 않는 흐름을 지나 사라져 갈 때 그들이 전하는 진리 가운데서 무엇이 나에게 남을 것인가. 지난 수백 년의 파란만장한 조선 사람의 체험에 비추어볼 때 무엇이 아직도 우리와 함께 할 수 있는 진리인가.

무엇이 사라질 것이며 무엇이 남을 것인가. 사라짐과 남음을 좌우하는 법칙은 무엇인가. 실은 그 운명의 법칙밖에 무엇이 남을 수 있는가. 무엇이라고 할 만한 무엇이 이 세상에 남아 있을 것인가.

1040

왜 열린 생각은 닫힌 사회에, 닫힌 생각은 열린 사회에 어울리는

가. 영국 흐름의 유명론과 경험주의는 유럽 대륙 흐름의 합리주의와 관념론에 어떻게 맞서는가. 영국 흐름이 대륙 흐름에 맞서는 바탕에는 그들 논리의 어떤 차이가 깃들어 있는가.

닫힌 생각은 개념이 자기 동일성과 순수성을 넘어 현실의 사태를 함축하는 것을 거부하는 것이다. 개념과 그 논리는 공허한 것이라고 여기니까. 따라서 현실의 사태에 이르는 길은 개념에 들어 있는 것을 풀이해서 나오는 내재함축을 찾는 데 있지 않고 직접 경험이나 직관에 호소하는 데 있다. 닫힌 생각이나 닫힌 논리는 현실에 부딪쳐 직관과 경험에 자리를 내놓을 수밖에 없다. 현실에 주어지는 여러 다른 직관과 경험에 열려 있는 유명론과 경험주의의 열린 체계와 열린 사회는 닫힌 생각, 닫힌 논리가 현실에 내미는 다른 얼굴이다. 닫힌 생각, 닫힌 논리와 열린 체계, 열린 사회는 하나의 흐름이 드러내는 두 개의 얼굴이다.

열린 생각, 열린 논리로써 열린 체계, 열린 사회를 지탱할 수 있는가.

아퀴나스의 유비 논리와 헤겔의 변증 논리는 개념의 동일성이나 순수성을 넘어 그 밖의 타자로 나아가는 추론을 펼친다. 가장 높은 실재인 신에 대한 유비추론에서나 모순개념의 변증적인 풀이에서 그들은 다만 개념이 아닌 실재와 현실을 함축한다. 실재와 현실을 향해 열린 생각과 열린 논리는 주어진 전제와 시원(始源)의 단순한 동일성을 지양하고 타자로 뛰어넘는 추론을 일으킨다. 열린 생각, 열린 논리는 열린 체계, 열린 사회를 가져오는가. 동일성을 넘어 타자와의 모순으로 얽히어 열린 생각, 열린 논리에서는 참으로 초월하는 실재와 현실, 참 불연속의 사태에는 열려 있지 않다. 열린 생각, 열린 논리는 타자와의 파국적인 만남이나 자기 밖의 현실과의 만남을 밀어내는 닫힌 체계, 닫힌 사회를 거느린다.

왜 인류구원을 향한 박애와 보편의 정신을 외치는 종교는 오히려 더 닫히거나 배타적일 수 있는가. 왜 동양 사람은 옛날부터 공(空)과 무(無) 혹은 중용의 대도(大道)를 지니고 자유자재의 열린 생각과 논리를 펼치면서 전제정치와 획일주의의 더 오랜 흐름을 가지고 있는가.

1041

서양문명은 물질문명인가. 동양문명은 정신문명인가. 근세 유럽의 물질주의 산업의 바탕인 과학은 어떤 논리를 따르는가. 왜 그들에게 실험의 방법이 나타났는가.

그들의 실험은, 개념이 지닌 내재함축을 엄밀히 풀어내는 관념적이고 비실제적인 정신과 논리를 균형잡는 조치이다. 그것은 개념의 공허한 풀이로 펼쳐지는 관념과 비실제의 세계에 마주치는 그 너머의 현실과 실제를 찾으려는 행위이다. 관념과 비실제의 이론정신 그리고 그것을 받쳐주는 내재함축의 관념논리가 갖추지 않을 수 없는 역설의 효과로서 일어나는 것이 실험과학이며 물질생산이다.

동양 사람이 지닌 잉여개방의 논리는 이미 실제주의와 물질주의를 내장하고 있는 것이다. 그리고 그 역설의 효과로서 탈속(脫俗)과 청빈(淸貧)의 정신이 동양세계에 주어진 것이 아닐까.

1042

서양역사에서 나타난 이른바 열린 사회는 어디에 그 바탕이 있는가. 물질계에 대한 실험과학은 어디에 그 바탕이 있는가. 현대의 소외현실은 어디에 그 바탕이 있는가. 서양 사람의 개인주의는 어디에 그 바탕이 있는가. 열린 사회, 물량주의, 소외현실, 개인주의의 사태가 어째서 그 시작에서는 예상할 수 없었던 반역의 효과로서 나타난 것인가.

어째서 결국의 사태는 시작을 배반하는 효과로서 주어지는가. 사태의 시작 가운데에 그것을 거꾸러뜨리는 '아니다'의 힘이 잠자고 있는가. 아니면, 그 '아니다'의 힘은 초월의 타자로부터 밀려오는 것인가.

1060

인류공동체의 바탕은 흔들리고 있는가. 하나의 선택과 행위에 대하여 합의에 이를 수 있는 바탕이 흐려져 가고 있는가. 하나의 장을 이루어사는 사람들을 잇는 같음의 끈이 없어져가는가. 언제나 다름으로서 세상에 있을 수밖에 없는 자인 사람과 그의 영혼을 어떤 같음으로 바탕지어 편안히 자리잡게 할 수 있는가.

1061

서양의 과학과 철학이 추구해온 보편과 객관은 사회제도와 여론을 좌우해도 사람의 마음을 잡지는 못 하고 있다. 그것은 참 보편과 객관이 아니기 때문이다. 그것은 다만 이런 저런 사람들의 이런 저런 합의에 달려 있는 것이다. 사람들의 합의는 감각이나 의식에 드러나거나 생각이나 말에 비치는 사태에 바탕을 둔다.

참 보편과 객관은 어디에 뿌리를 내리는가.

사람이, 아니 자아가 물러섬으로 다다르는 진리인 보편과 객관을 서양 사람에게서는 찾을 수가 없다. 아니, 이십세기의 모든 사람에게서 찾을 수가 없다.

1062

계급과 소외를 없애서 약육강식의 갈등과 경쟁이 없는 사회 그리하여 각자가 지닌 희망과 능력을 자유로이 펼치는 세상이 될 것인가. 갈등과 경쟁이 사라지게 하려는 사회도, 경쟁의 자유를 불러일으키는 사회도 하나의 같은 원리를 그 바탕에 지니지 않는가. 계급과 소외를 없애서 하나와 같음으로 다스리는 것이며 경쟁을 보편화함으로써 역시 하나와 같음을 향해 애쓰지 않을 수 없게 한다. 하나와 같음을 머리에 두지 않고는 경쟁의 체제가 지탱될 수도 없으며 경쟁이 사라진 평등의 사회를 바라볼 수도 없다.

경쟁을 없애든지 경쟁을 붙이든지 사회는 아직 하나와 같음이라는 존재 논리적으로 무리한 바탕을 떠나지 못하는 것이다.

사람을 하나와 같음이라는 테두리에 두들겨넣을 수 있는가. 인류는 하나의 생존권에 매어 있는 운명공동체임에도 불구하고 여전히 각기의 다름이 하나로 모여 흐르는 존재의 강과 바다를 찾아내지 못한 것이다. 그것을 찾아 아직도 세계의 철학자와 정치가와 종교가는 헤매지 않는가.

1063

분쟁이 없는 시대가 되려면 사람마다 자기 동일성이라는 바탕을 내세울 만한 허구의 형이상학이나 존재론이 사라져야 한다. 그렇다면 비동일성의 바탕 위에 사람의 자아와 사회가 일어설 수 있는가.

그것이 후세기의 문명과 철학의 생각거리가 아닐까.

1064

사회는 어떤 힘을 가졌는가. 감상이나 사변에 빠진 주관을 깨뜨리는 힘. 깨지지 않으려는 자아에의 집착을 허무는 힘. 사회는 부정의 힘.

사회는 사사로운 생각과 행위를 매개하는 바탕. 사회는 다름으로써 서로 갈라놓거나 같음으로써 허구를 지어내는 바탕.

지금까지 사회의 이념과 가치는 같음의 바탕 위에 서는 길을 찾았다. 그것은 각기 다름으로 태어난 사람에게 주어진 숙명의 진리처럼 받아들여졌다. 그러나 그것은 존재의 참 모습에서 벗어나는 진리였다.

1090

갈등과 모순으로 얽힌 당면의 현실에 대한 관심이 순수 논리의 연구로 바뀌질 수 있는가.

현실의 문제는 논리의 문제인가.

현실의 복잡한 과제들이 옛날로부터 내려오는 사변적인 철학자들의 논리문제, 그 가운데서도 같음과 다름 혹은 '이다', '아니다'의 논리문제로 돌아가버리는가. 동서사상의 갈등과 비교문명(比較文明)의 난관이 어떻게 '이다', '아니다'의 문제로 낙착되는가.

그러한 순수 논리의 문제는 사람의 길흉화복(吉凶禍福)을 좌우하는 운명의 법칙에 대한 원시적인 의문과 두려움 때문에 오래전에 일어났던 필연과 자유에 대한 터무니없는 상상에 뿌리를 두고 있지 않은가. 누구든지 수없이 거듭해서 자신을 뒤집었던 모색의 우여곡절을 넘으면서 이쪽으로도 저쪽으로도 흔들린 불확실한 밤길을 돌이켜볼 수 있다.

1091

철학이 사회과학으로, 다시 논리학으로 돌아가는 길. 사람들의 의식과 행동을 좌우하는 것은 철학자의 이런저런 주관과 사상이 아니라는 생각으로.

철학자가 무어라 주관의 사변을 펴든 간에 그의 일일의 현실운명을 결박하고 결정하는 것은 사회라는 거시적인 구조. 그러나 이 거시적인 구조조차 여전히 철학자의 주관과 사변에서 벗어나지 못한다. 철학자의 주관의 가지만큼 사회학자의 현실의 가지가 있지 않은가.

이런저런 주관과 사변에 휘말리지 않는 것은 논리. 그것은 관찰과 상상의 제약을 넘어 가능한 현실을 예비하고 심사하지 않는가.

1092

사회나 역사 현실의 구성은 논리의 전개형식에서 벗어날 수 있는가. 인간행위의 가능 근거와 한계 그리고 논리와 사유의 가능 근거와 한계는 하나의 같은 위상(位相, topology) 조건에 묶여 있지 않은가.

1093

가장 보편의 논리기능은 어떤 것인가. '이다', '아니다', '그리고', '또는', '이라면', '모든', '어떤' 이런 것들은 어떤 언어문화권에 고유하게 유행하는 논리적인 얽힘들이 아닌가. 이런 논리적인 얽힘들을 가능하게 하는 보편의 바탕은 무엇인가. '아니다'라는 기능이 앞서지 않는다면 어떤 논리적인 갈림이 이루어지고 얽힘이 짜일 수 있는가. '아니다'라는 논리적인 얽힘도 어떤 언어문화권에만 고유한 기능인가.

이보다 앞서는 논리적인 얽힘이나 논리의 기본 질서가 있는가. 같음이나 무모순의 원리가 그런 것인가. 아니면, 모든 논리의 얽힘들은 '아니다'라는 원시적인 바탕 위에 서지 않는가.

1094

구조주의 인류학자 클로드 레비-스트로스는 그의 방법을 '거리'라는 개념으로 대변한다. 자신의 동반자 서구 문명 중심의 시각을 멀리한다는 것이다. 참여하는 자로서가 아니라 관찰하는 방관자로서 세계와 함께 자기를 대상화하려는 것일게다. 문명 일반의 논리를 위하여.

'다름'으로 그의 방법을 대신할 수 없는가. 지리멸렬하게 뒤집히는 현실 사색의 변천사를 헤쳐서 그의 가장 단순한 시원(始原)으로 돌아가는 깊은 맥을 뚫기 위하여. 생각의 역사를 엮어온 정신을 중국어나 희랍어, 독일어나 영어의 서로 다른 그리하여 엇갈리는 허구들에서 해방하기 위하여. 말하는 것이 글 쓰는 것이 다름을 위하여 다름을 펼치는 유희(遊戲)가 철학하는 것이라는 관념을 지워버리기 위하여. 있음과 있음 아님, 초월자와 시간의 노예인 사람, 자아와 자아의 대상으로서의 비아(非我)처럼 도처에서 일어나는 다름을 피할 수 없는 상상과 그 거부의 파노라마로 깨치기 위하여.

다름은 모든 자체 배반의 운명을 지닌 자로 하여금 그가 집착하는 파노라마의 허구를 바라보게 시원의 뿌리로 인도하는 사다리.

1095

원시의 사람들은 그들 앞에 펼쳐진 세계의 사태를 어떻게 잡았을까. 그들은 주어진 사태 자체를 있을 수 있는 모든 것으로 여겼는가.

사태에 주어진 것으로만 사태를 이해할 수 있는가. 현실에 주어진 사태 밖에다 그 사태와 다른 것을 가설하지 않고서 신화와 종교의 세계 그리고 과학과 철학의 이론을 만들어낼 수 있는가. 그들은 세계에 펼쳐진 사태를 풀이하려고 그 사태에 얽히는 다른 것을 찾지 않았던가.

사태와 얽히는 다름의 사다리가 없이 사태의 주재자 혹은 매개자를 잡을 수 있었던가.

1096

역사는 사람의 노력을 쌓고 쌓아 마치 원시상태로부터 점점 멀어져가는 세상에 대한 기록처럼 보인다. 원시로부터 벗어나는 탈바꿈이 쌓이지 않았다면 이십세기의 자랑하는 문명이 나타날 수 있겠는가.

그렇다면 원시와 문명은 서로 멀어져가는 다른 세계인가. 아니면, 쌓고 쌓은 문명이 언제나 다시금 원시로 떨어지고 있는 것은 아닌가. 지축을 흔들었던 역사의 사건이나 주인들이 끝내 모두 평등한 자연으로 어김없이 돌아가는 숙명을 피할 수 없기 때문에 그런 것인가. 지금도 어디서나 교양이 야만의 상태를 맴돌기 때문에 그런 것인가.

1097

글이 있기 전의 원시문명을 거슬러 올라가는 인류학자와 세련된 글의 해석을 바탕으로 현대과학을 쪼개보는 철학자는 어떤 생각을 같이하는가. 글이 있기 전과 그 다음의 인류는 어떤 짜임에 같이 있는가. 선사시대나 현대의 사람이 함께 피할 수 없는 굴레는 무엇인가.

원시의 신앙인 샤머니즘과 현대과학을 같은 자리에, 아니 같은 마음 안에 있게 하는 것은 무엇인가. 수천 년의 바뀐 흐름을 사이에 두고 일어난 그것들은 사람이 변함 없이 찾을 수밖에 없는 무엇을 함께 지니는가.

1098

동양 사람이 서양의 과학을 처음 만났을 때 무엇을 깨달았는가. 그것은 좋은 것과 함께 나쁜 것도, 자연과 함께 초(超)자연의 기적도 모두 원인과 결과, 이유와 귀결로 짜인 질서의 부분이란 것을 받아들이는 것이었다.

그가 다시 동양의 마음으로 돌아왔을 때 무엇을 찾았는가. 이유 있는 것과 함께 이유 없는 것도, 인과로 엮어진 이승과 함께 인과를 풀어버리는 저승도 모두 알 수 없는 우주의 조화(造化)라는 깨달음.

풀이말

어려서부터 한 권의 소설도 흥미가 없어 읽은 일이 없는 사람에게 어떤 결함이 있는 것인가. 문학적인 상상력의 결핍인가. 오히려 백갈래로 헤매는 상상력이 읽는 마음을 방해하는 것인가. 철학자가 번거롭게 펼친 긴 논문을 읽는 것이 고통스러운 까닭은 무엇인가. 아직 논리에 세련되지 못한 원시성 때문인가. 아니면, 무수한 논리의 갈림길에서 머뭇거리는 마음 때문인가.

소설은 이야기가 끝없이 이어져서 나타나는 것이다. 이렇게도 저렇게도 펼칠 수 있는 이야기의 세계를 만드는 것이다. 그러나 인간에게 부딪쳐오는 필연의 진리는 그런 것이 아니다. 이렇게도, 저렇게도 펼쳐지는 것은 필연이 아니다.

필연, 그것은 펼침의 갈림길, 이것이나 저것을 떠난 직관의 마음 혹은 직접 체험에 피할 수 없게 부딪쳐오는 어떤 것이다. 그것은 펼침의 논리에 잡히는 것이 아니라 한 폭에 머무는 그림의 마음에 다가오는 것이다. 찰나로 집약되는 한 장의 완벽한 그림을 얻으려고 수많은 스케치를 거친다.

모든 철학은 현실에서 일어나 현실로 돌아가는 것이라고 말하는 사람이 있다. 서양의 철학자들 가운데 가장 극단적인 관념론자조차 결코 현실을 떠난 이야기를 펼치는 일이 없는 것을 보면 그럴듯한 말이다.

그러나 동양 사람이 엮어가는 이야기에는 참 현실주의라고 할 만한 방법이 한결같이 깃들어 있다. 그는 공자(孔子)나 장자(莊子)처럼 사례를 가지고 생각하며 따지는 버릇이 있다. 속세의 현실을 떠난 듯한 선가(禪家)의 깨달음도 문답의 화제(話題)로써 이루어지는 것이다. 화제나 사례를 따라 얽히는 현실과 논리는 어떤 것인가.

서양 사람은 현실의 흐름을 무엇으로 잡으며 그 흐름을 어떤 논리로 엮어내는가. 현대에 이르기까지 부딪치는 직관의 현실을, 그것이 사례라는 것이든지 경험이라는 것이든지, 지양하며 높은 추상화(抽象化)의 길을 거쳐온 서양 사람의 논리를 우리가 부딪치는 현실의 틀에 비추어볼 수 없는가. 현실의 흐름을 한 폭의 그림에 형상화(形象化)하듯 그것을 하나의 사례나 화제로 매듭지어 멈추게 함으로 추상적인 펼침의 허구와 억지로부터 벗어날 수 없는가.

서양의 바람을 어떻게 잡을 것인가.

논리와 현실은 서로 마주보는 극단이다. 논리의 극에 서서 보는 사람에게 논리에 앞서는 현실이 있는가. 논리에 달리지 않고 다가오는 현실이 없다. 그렇다면 논리 자체는 무엇에 달려 있는가. 논리의 흐름을 좌우하는 자는 누구인가. 그 흐름을 펼치는 자가 있지 않겠는가. 그것이 자아든가, 스스로 움직이는 자든가, 스스로 있는 자든가.

현실의 극에 서서 보는 사람에게 현실에 앞서는 논리가 있는가. 현실에 달리지 않고 펼쳐지는 논리가 없다. 그렇다면 현실 자체는 어떻게 다가오는가. 다만 다가올 뿐이다. 어디로 다가오는가. 어디로도 아니다. 그 어디든지 비어 있는 자리일 뿐이다. 다만 자리일 뿐인 마음이든가 허(虛)이든가 공(空)이든가.

사회현실이나 인생의 현실이나 헤어날 수 없는 혼란에 빠질 때면 그 바탕에는 결국 논리적으로 부딪친 혼란이 있다. 그것이 논리의 문제가 아니라고 말할 여지가 있다면 '논리란 무엇이냐?'라고 다시 물어 논리학의 마당 자체를 바꾸거나 넓혀야 하는 것이다. 서양에서는 현실의 흐름이 크게 바뀔 때마다 그 바탕에 걸린 논리의 반성이 일어왔다. 근래에는 프랜시스 베이컨이나 데카르트, 헤겔이나 포퍼가 그러한 반성을 꾀했던 사람들이다. 동양 사람은 지금 서양으로부터 밀려오는 대세(大勢)에 부딪쳐 일어나는 소용돌이를 휘어잡아 나아갈 길을 찾는다. 그것은 왜 논리의 문제인가. 그것은 왜 서양 사람이 부딪쳤던 어느 시대의 혼란보다 복합적이며 그의 어떤 해결보다 단순할 수밖에 없는가.